GUO XUE HAO MENG
国学好萌 2

主　编：孙　曙

副主编：黄贵英　简真民

编　者：谢伯平　刘校豆　杨智威　李弈希

重庆出版集团 重庆出版社

**图书在版编目（CIP）数据**

国学好萌 . 2 / 孙曙主编 . –– 重庆：重庆出版社，
2017.4

　　ISBN 978–7–229–12199–0

　　Ⅰ . ①国… Ⅱ . ①孙… Ⅲ . ①小学语文课 – 教学参考
资料 Ⅳ . ① G624.203

　　中国版本图书馆 CIP 数据核字 (2017) 第 070029 号

# 国学好萌 2

GUOXUEHAOMENG 2

孙曙　　主编

责任编辑：汪熙坤 黄　海
版式设计：秦钰林 黄　尧
封面绘图：白芳圆

重庆出版集团
重庆出版社　出版

重庆市南岸区南滨路 162 号 1 幢　邮政编码：400061　Http://www.cqph.com
三河市同力彩印有限公司　印装

开本：787mm×1092mm　1/16　印张：11　字数：40 千
2017 年 6 月第 1 版　2021 年 6 月第 2 次印刷

ISBN 978–7–229–12199–0
定价：78.00 元

"关关雎鸠，在河之洲，窈窕淑女，君子好逑。"

"硕鼠硕鼠，无食我黍。三岁贯女，莫我肯顾。"

几千年前的少年，便是在如此铿锵顿挫的句子中滋养长大。他们朝诵暮念，风度翩翩；他们雅韵悠长，古风萦怀。他们的喜怒哀乐，可以寄托给春风秋月；他们的爱恨嗔痴，可以挥洒于浓墨淡笔。

这样的他们，隔着岁月那么长那么长的河流，我们仍然倾慕神驰，心向往之。

于是就有了《国学好萌》这套书。

无论世界已经如何地多元化，国学的基因，早已经深埋在中华少年的骨髓中。这本书，就是要把它挖掘出来，浇浇雨水，晒晒太阳，再根植进去。

我们给予的阳光雨露，是精致的选文，精美的插图，精心的编排，精耕细作，精益求精。

而我们好尚的"萌"，是文化的开萌，是风格的暖萌，是小读者捧书朗读时萌发的想象与好奇，是爸爸妈妈亲子共读时萌动的爱与希冀。

此书倾注着我们的精心与用心，希望你们读得开心与动心。

编者

2017 年 5 月

SHIWEN 诗文

学堂乐歌

XUETANGYUEGE

寓言故事
MINJIANGUSHI

民间传说

MINJIANCHUANSHUO

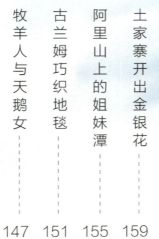

开始我们的阅读吧 "

世界上最好听的歌谣，是妈妈唱的童谣。在摇篮里听过，在妈妈怀里听过；欢笑时听过，啼哭时听过；清晨听过，日暮听过；醒着时听过，睡梦里听过。我一直认为，伴我长大的，是平平仄仄的儿歌，是歌里的花鸟江山、日月如梭。长大后才知道，是妈妈的爱，在我尚无记忆的童年儿时，陪伴我，呵护我……

（本章绘图：狼孩儿、胡晓蕊、王晓鹏）

# — 童 谣 —

笛弄晚风三四声

# 清晨起

清晨起，天气好，
qīng chén qǐ，tiān qì hǎo，

海棠树上一只鸟。
hǎi táng shù shàng yì zhī niǎo

只管闲着听鸟叫，
zhǐ guǎn xián zhe tīng niǎo jiào

可惜一天白过了。
kě xī yì tiān bái guò liǎo

bái guò liǎo　　rě rén xiào
白过了，惹人笑，

yào lì zhì qì xū chèn zǎo
要立志气须趁早，

mò shuō qīng chūn zhèng nián shào
莫说青春正年少，

zhuǎn yǎn jiù chéng bái tóu lǎo
转眼就成白头佬。

\* 朗读指导 \*

hái zi men　　zhè shǒu tóng yáo lǎng lǎng shàng kǒu　　hǎo tīng yòu hǎo jì
孩子们，这首童谣朗朗上口，好听又好记。

tā hái cáng zhe yí gè dào lǐ ne　　shí jiān yì shì　　zhēn xī shí jiān xū chèn
它还藏着一个道理呢：时间易逝，珍惜时间须趁

zǎo　　hái zi men　　dú wán zhè shǒu tóng yáo　　hé bà ba mā ma yì qǐ qù shōu jí
早。孩子们，读完这首童谣，和爸爸妈妈一起去收集

yí xià yǒu guān shí jiān de yàn yǔ ba
一下有关时间的谚语吧！

# 桃花红

táo huā hóng　liǔ huā huáng　yí zhèn yí zhèn fēng er xiāng
桃花红，柳花黄，一阵一阵风儿香，

gē ge dì di xià xué táng　yào dào gōng yuán yóu yì chǎng
哥哥弟弟下学堂，要到公园游一场。

yuán lǐ de huā　bié zuò jiàn　liú zhe dà jiā cháng lái kàn
园里的花，别作践，留着大家常来看；

yuán lǐ de niǎo　bié dǎ jiǎo　wèi de dà jiā tīng tā xiào
园里的鸟，别打搅，为的大家听它啸。

bú luàn rǎng　bù hú xíng　zhè cái suàn shì hào xué shēng
不乱嚷，不胡行，这才算是好学生。

*朗读指导*

dú wán zhè shǒu tóng yáo　wǒ men hǎo xiàng wén dào le fēng er dài lái de huā cǎo
读完这首童谣，我们好像闻到了风儿带来的花草

xiāng　zhēn ràng rén huān xǐ　chūn rì lè róng róng　wǒ men yě kě yǐ hé bà ba mā ma
香，真让人欢喜！春日乐融融，我们也可以和爸爸妈妈

qù tà qīng　jì de xiàng tóng yáo lǐ shuō de nà yàng　bù zhé huā dǎ niǎo　zuò gè wén
去踏青，记得像童谣里说的那样：不折花打鸟，做个文

míng de hǎo hái zi
明的好孩子。

# 放风筝

fàng fēng zheng　　fàng fēng zheng
放风筝，放风筝！

chèn zhe fēng chū qǐ　　chèn zhe tiān qì qíng
趁着风初起，趁着天气晴。

yì zhī dà hú dié　　tuō shǒu biàn fēi téng
一只大蝴蝶，脱手便飞腾。

hú dié fēi gāo le　　xì xiǎo sì cāng ying
蝴蝶飞高了，细小似苍蝇。

fàng xiàn fàng xiàn　　ràng tā shàngshēng
放线放线，让它上升。

wū yā pà　　yàn zi jīng
乌鸦怕，燕子惊。

fēng zheng dé yì le　　fēi zhe bù kěn tíng
风筝得意了，飞着不肯停。

**＊ 朗读指导 ＊**

zài zhè shǒu tóng yáo lǐ　　wū yā
在这首童谣里，乌鸦、

yàn zi　　fēng zheng yōng yǒu le qíng gǎn　　yì
燕子、风筝拥有了情感，一

pà　　yì　　jīng　　ràng fēng zheng　　dé
"怕"一"惊"，让风筝"得

yì　　de　　bù kěn tíng　　shēng dòng xíng xiàng
意"得"不肯停"，生动形象

de nǐ rén shǒu fǎ ràng　　fàng fēng zheng　　duō le
的拟人手法让"放风筝"多了

xǔ duōqíng qù
许多情趣！

# 胆小的兔子

红的眼睛白的毛，
*hóng de yǎn jing bái de máo*

兔子多么俏。
*tù zi duō me qiào*

长的耳朵短的脚，
*cháng de ěr duo duǎn de jiǎo*

兔子也乖巧。
*tù zi yě guāi qiǎo*

shù yè piāo　　dòng lǐ táo
树叶飘，　洞里逃；

huā yǐng yáo　　dòng lǐ táo
花影摇，　洞里逃；

má què jiào　　dòng lǐ táo
麻雀叫，　洞里逃；

tù zi zhēn dǎn xiǎo
兔子真胆小。

**\* 朗读指导 \***

nǐ qiáo　nà yì hóng yì bái　　sè cǎi míng lì　duó rén yǎn qiú　nǐ tīng　nà
你瞧，那一"红"一"白"，色彩明丽，夺人眼球！你听，那

máo　qiào jiǎo　qiǎo　　yīn yùn hé xié　lǎng lǎng shàng kǒu　xiǎo péng you　rú guǒ yě néng
"毛、俏、脚、巧"，音韵和谐，朗朗上口！小朋友，如果也能

yùn yòng bǐ yù fǎ　nǐ rén fǎ děng xiǎo qiào mén　zuò wén yí dìng huì xiě de hǎo
运用比喻法、拟人法等小窍门，作文一定会写得好！

# 钓鲤鱼

liǔ yè piāo piāo shù yīn liáng
柳 叶 飘 飘 树 阴 凉,

xià tou yǒu gè qīng shuǐ táng
下 头 有 个 清 水 塘。

qīng zhú gān　　bái sī xiàn
青 竹 竿, 白 丝 线,

diào gè lǐ yú yǒu jīn bàn
钓 个 鲤 鱼 有 斤 半。

wǒ dé yú　　zhēn huān xǐ
我 得 鱼 ， 真 欢 喜 ，

yú er luàn tiào xīn pà sǐ
鱼 儿 乱 跳 心 怕 死 ，

nǐ pà sǐ　　yòu kě lián
你 怕 死 ， 又 可 怜 ，

bǎ nǐ fàng zài shuǐ lǐ bian
把 你 放 在 水 里 边 ，

bù kěn ná nǐ qù jiě chán
不 肯 拿 你 去 解 馋 。

\* 朗读指导 \*

dà jiā shì yi shì　　zài měi háng tóng yáo de hòu sān gè　zì qián mian huà shàng　　　　fú hào
大家试一试，在每行童谣的后三个字前面画上"/"符号，

dú de shí houshāowēitíngdùn yí xià　　zhèyàng jiù néng dú chūtóngyáo de jié zòuměi le
读的时候稍微停顿一下，这样就能读出童谣的节奏美了。

# 骑白马

qí bái mǎ　　　qí bái mǎ
骑 白 马，骑 白 马，

jiě jie zuò mǎ tóu　　　gē ge zuò wěi ba
姐 姐 做 马 头，哥 哥 做 尾 巴。

dì di zuò jiāng jūn　　　xiàng zhe mǎ shàng pá
弟 弟 做 将 军，向 着 马 上 爬。

mǎ kuài pǎo　　bù zi dà
马 快 跑 ， 步 子 大 ，

yì diān yì pū xiàng qián kuà
一 颠 一 扑 向 前 跨 ，

xià de jiāng jūn xīn hài pà
吓 得 将 军 心 害 怕 。

máng jiào mǎ er tíng tíng ba
忙 叫 马 儿 停 停 吧 ！

mǎ er xiào hā hā
马 儿 笑 哈 哈 ，

mǎ er nǎ kěn dā ying tā
马 儿 哪 肯 答 应 他 。

**\* 朗读指导 \***

xiǎo péng you　　nǐ hé xiōng jiě　　péng you shì fǒu yě wán guò
小 朋 友 ， 你 和 兄 姐 、 朋 友 是 否 也 玩 过

zhè yàng de yóu xì ne　　lǎng dú zhè shǒu tóng yáo shí　　zhù yì měi
这 样 的 游 戏 呢 ？ 朗 读 这 首 童 谣 时 ， 注 意 每

jié zuì hòu yí gè yā yùn de zì　　mǎ　bā　pá　dà
节 最 后 一 个 押 韵 的 字 ： " 马 、 巴 、 爬 、 大 、

kuà　pà　hā　tā　　dú chū jié zòu lái
跨 、 怕 、 哈 、 他 " ， 读 出 节 奏 来 。

# 亮晶晶

liàng jīng jīng　　liàng jīng jīng
亮 晶 晶， 亮 晶 晶，

tiān shàng sǎ mǎn xiǎo xiǎo xīng
天 上 撒 满 小 小 星。

liàng jīng jīng　　liàng jīng jīng
亮 晶 晶， 亮 晶 晶，

hǎo xiàng shén xiān zhǎ yǎn jing
好 像 神 仙 眨 眼 睛。

ràng wǒ shēn shǒu shǔ yi shǔ
让 我 伸 手 数 一 数，

✳ 朗读指导 ✳

xiǎo péng you,　　jì de zài shǔ xīng xing de shí hou dú zhè shǒu
小 朋 友， 记 得 在 数 星 星 的 时 候 读 这 首

tóng yáo,　　yí dìng huì kàn dào xīng xing duì nǐ zhǎ yǎn jing
童 谣， 一 定 会 看 到 星 星 对 你 眨 眼 睛。

tiān shàng gòng yǒu duō shǎo xīng
天 上 共 有 多 少 星。

liàng jīng jīng　　liàng jīng jīng
亮 晶 晶 ， 亮 晶 晶 ，

nǎ lǐ xiǎng néng shǔ de qīng
哪 里 想 能 数 得 清 ！

ràng wǒ shēn shǒu shǔ yi shǔ
让 我 伸 手 数 一 数 ，

tiān shàng sǎ mǎn xiǎo xiǎo xīng
天 上 撒 满 小 小 星。

# 小小马二郎

xiǎo xiǎo mǎ èr láng
小 小 马 二 郎,

qí mǎ jìn xué táng
骑 马 进 学 堂。

xiān sheng xián wǒ nián jì xiǎo
先 生 嫌 我 年 纪 小,

xiǎo xiǎo dù nèi yǒu wén zhāng
小 小 肚 内 有 文 章:

niú chī tián zhōng cǎo
牛 吃 田 中 草;

mǎ chī lù biān yāng
马 吃 路 边 秧。

xué shēng lái de zǎo
学 生 来 得 早,

zǎo zǎo fàng huán xiāng
早 早 放 还 乡。

* 朗读指导 *

xiǎo péng you zhè shǒu mǎ èr láng hé lìng wài yì shǒu ér gē
小 朋 友, 这 首《马 二 郎》, 和 另 外 一 首 儿 歌

dú shū láng hěn xiāng sì nǐ yě shì zhe yòng dú shū láng de qǔ
《读 书 郎》很 相 似, 你 也 试 着 用《读 书 郎》的 曲

dià o chàng chàng zhè shǒu tóng yáo ba
调 唱 唱 这 首 童 谣 吧!

# 竹马

小小年纪志气高，
xiǎo xiǎo nián jì zhì qì gāo

要想马上立功劳。
yào xiǎng mǎ shàng lì gōng láo

两腿夹着一竿竹，
liǎng tuǐ jiā zhe yì gān zhú

洋洋得意跳呀跳。
yáng yáng dé yì tiào ya tiào

马儿马儿真正好，
mǎ ér mǎ er zhēn zhèng hǎo

跟我南北东西跑。
gēn wǒ nán běi dōng xī pǎo

一日能行千里路，
yí rì néng xíng qiān lǐ lù

不吃水也不吃草。
bù chī shuǐ yě bù chī cǎo

童谣
TONG YAO

★ 朗读指导 ★

xiǎo péng you　　　qí zhú mǎ shì yí gè chuán tǒng yóu xì　　　nǐ yě yí dìng wán
小朋友，骑竹马是一个传统游戏，你也一定玩

guò ba　　dà shī rén lǐ bái hái wèi cǐ xiě guò　　láng qí zhú mǎ lái　　rào chuáng
过吧，大诗人李白还为此写过"郎骑竹马来，绕床

nòng qīng méi　　de shī jù ne　　dú zhè shǒu tóng yáo　　xiǎng xiǎng tā biǎo dá le shén
弄青梅"的诗句呢。读这首童谣，想想它表达了什

me yàng de gǎn qíng ne
么样的感情呢。

　　　　nóng jiā hǎo　　lǜ shuǐ qīng shān sì miàn rào　　zhè shǒu tóng yáo chàng chū le měi lì de xiāng
　　"农家好，绿水青山四面绕"，这首童谣唱出了美丽的乡

cūn fēng guāng　　nǐ yǒu qù guò nóng cūn ma　　dú wán zhè shǒu tóng yáo　　shì zhe yòng yí gè cí huò zhě
村风光。你有去过农村吗？读完这首童谣，试着用一个词或者

jù zi lái xíng róng nǐ yìn xiàng lǐ de xiāng cūn nóng jiā ba
句子来形容你印象里的乡村农家吧。

农家好

nóng jiā hǎo　　nóng jiā hǎo
农 家 好 ， 农 家 好 ，

lǜ shuǐ qīng shān sì miàn rào
绿 水 青 山 四 面 绕 。

nǐ chú tián　　wǒ bá cǎo
你 锄 田 ， 我 拔 草 ，

hù zhù wàng xīn láo
互 助 忘 辛 劳 。

máng dào qiū tiān dōng tiān dào
忙 到 秋 天 冬 天 到 ，

tiào　 chū dào mài nóng shì liǎo
粜 出 稻 麦 农 事 了 。

nóng jiā hǎo　　nóng jiā hǎo
农 家 好 ， 农 家 好 ，

bù yī wēn nuǎn cài fàn bǎo
布 衣 温 暖 菜 饭 饱 。

tiào
★ 粜：售卖粮食。
shòu mài liáng shi

# 报花名

zhēng yuè méi huā xiāng yòu xiāng
正月梅花香又香，

èr yuè lán huā pén lǐ zhuāng
二月兰花盆里装，

sān yuè táo huā hóng qiān lǐ
三月桃花红千里，

sì yuè qiáng wēi kào duǎn qiáng
四月蔷薇靠短墙，

wǔ yuè shí liu hóng sì huǒ
五月石榴红似火，

liù yuè hé huā mǎn chí táng
六月荷花满池塘，

qī yuè zhī zi tóu shàng dài
七月栀子头上戴，

bā yuè dān guì mǎn zhī xiāng
八月丹桂满枝香，

jiǔ yuè jú huā chū kāi fàng
九月菊花初开放，

shí yuè fú róng zhèng shàng zhuāng
十月芙蓉正上妆，

shí yī yuè shuǐ xiān àn shàng gòng
十一月水仙案上供，

shí èr yuè là méi xuě lǐ xiāng
十二月腊梅雪里香。

**＊朗读指导＊**

yì nián shí èr gè yuè    měi gè yuè dōu yǒu bù tóng de huā    qǐng bà ba mā ma
一年十二个月，每个月都有不同的花。请爸爸妈妈

bāng máng zhǎo chū zhè xiē huā er de tú piàn    zài dú tóng yáo de tóng shí    zǐ xì biàn rèn
帮忙找出这些花儿的图片，在读童谣的同时，仔细辨认

huā duǒ    xiāng xìn nǐ hěn kuài jiù néng chéng wéi yí gè zhí wù xiǎo dá rén ne
花朵，相信你很快就能成为一个植物小达人呢。

汉字，在龟甲、兽骨的摇篮里萌芽，在钟鼎、竹帛的田园中渐渐长大，它是我们祖先对自然爱的赞美。汉字似一首小诗，横平竖直间有无限诗意；汉字如一道谜题，笔画转承间是千百秘密；汉字像一首歌谣，一笔一画里奏美美妙乐章；汉字是一幅画卷，间架结构中绘斑斓画卷。

（本章绘图：青菜仙人、羽狐、墩墩、陈雪）

# 汉字

## 一撇一捺有深情

# 太阳出来了

甲骨文 → 小篆 → 楷体

xù rì dōng shēng　　hǎo yí gè guāng míng de qīng qīng zǎo shang　huā er hán xiào　niǎo er
旭日东升，好一个光明的清清早上。花儿含笑，鸟儿

huān chàng　xiǎo péng you zài kuài lè de chéng zhǎng
欢唱，小朋友在快乐地成长。

xù rì　　jiù shì zǎo chen chū shēng de tài yáng　zuì zǎo　gǔ rén gēn jù tài yáng yuán
旭日，就是早晨初升的太阳。最早，古人根据太阳圆

yuán de xíng zhuàng zào chū le　rì　zì　hòu lái yòu yòng　rì　biǎo shì bái tiān
圆的形状造出了"日"字，后来又用"日"表示白天。

xiǎo péng yǒu　　nǐ fā xiàn méi yǒu　　rú guǒ yí gè zì de yí bù fen bāo

小朋友，你发现没有，如果一个字的一部分包

hán le　　rì　　　　nà me zhè gè zì dà dōu yǔ tài yáng yǒu guān　　bú xìn nǐ

含了"日"，那么这个字大都与太阳有关。不信你

qiáo

瞧：

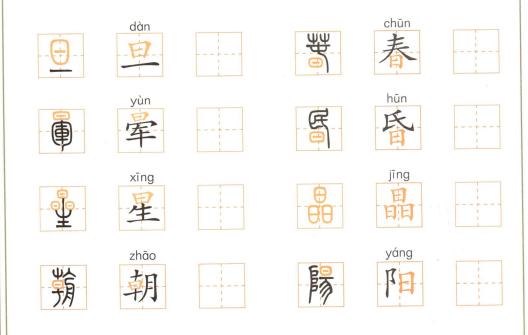

dàn　春 chūn
旦

yùn　昏 hūn
晕

xīng　晶 jīng
星

zhāo　阳 yáng
朝

儿歌一起读

tài yáng chū lái yì diǎn hóng　　gē ge qí mǎ wǒ qí lóng

太阳出来一点红，哥哥骑马我骑龙。

gē ge qí mǎ shàng shān qù　　dì di qí lóng yóu shuǐ zhōng

哥哥骑马上山去，弟弟骑龙游水中，

gē ge dì di zhēn yīng xióng

哥哥弟弟真英雄。

# 过大年，
# 拿红包

guò xīn nián   xiǎo péng you zuì xǐ huan ná hóng bāo    jīn tiān wǒ men jiè shào de zhè gè zì
过新年，小朋友最喜欢拿红包。今天我们介绍的这个字

jiù gēn   qián   yǒuguān
就跟"钱"有关。

甲骨文　　　　小篆　　　　楷体

yí    zhè bú shì  bèi  ma   tā shì bèi ké a    zěn me hé qiányǒuguān ne
咦？这不是"贝"吗？它是贝壳啊，怎么和钱有关呢？

yuán lái    zài gǔ dài hěn cháng de yí duàn shí jiān lǐ   bèi ké dōu bèi rén men dàng zuò qián
原来，在古代很长的一段时间里，贝壳都被人们当作钱

lái yòng  suǒ yǐ  xiàn zài fán shì yóu  bèi  zǔ chéng de zì  dà dōu yǔ qiányǒuguān
来用。所以，现在凡是由"贝"组成的字，大都与钱有关。

cái
财

cái jiù shì qián a
财，就是钱啊。

huò
货

huò bì huò zhě huò wù dōu shì qián ne
货币或者货物都是钱呢。

hè
贺

xiàng rén hè xǐ dà dōu huì sòng cái lǐ
向人贺喜，大都会送财礼。

guì
贵

guì biǎo shì jià zhí gāo de dōng xi
贵，表示价值高的东西。

zī
资

zī jīn dāng rán yě shì qián a
资金当然也是钱啊。

儿歌一起读

xīn nián lái dào
新年来到，

táng gāo jì zào
糖糕祭灶；

gū niang yào huā
姑娘要花，

xiǎo zi yào pào
小子要炮；

lǎo tóu zi yào dài xīn ní mào
老头子要戴新呢帽，

lǎo pó zi yào chī dà huā gāo
老婆子要吃大花糕。

# 东风起，种田忙

xiǎo péng you jīn tiān wǒ men lái cāi gè zì mí dōng hǎi yǒu tiáo yú wú tóu yòu
小朋友，今天我们来猜个字谜："东海有条鱼，无头又

wú wěi nǐ zhī dào shì shén me zì ma
无尾。"你知道是什么字吗？

xiǎng yi xiǎng yú qù diào le tóu hé wěi jiù shì tián zì ne
想一想，"鱼"去掉了"头"和"尾"，就是"田"字呢。

tián shì yí gè xiàng xíng zì jiǎ gǔ wén lǐ jiù xiàng yí kuài fāng xíng de dà tián
"田"是一个象形字，甲骨文里就像一块方形的大田，

zhōng jiān héng zhe hé shù zhe de zhí xiàn shì tián gěng huò tián jiān xiǎo lù
中间横着和竖着的直线是田埂或田间小路。

tián zì de běn yì jiù shì   nóng tián      rú zhòng dào zi de dào tián   zhòng
田字的本义就是"农田",如种稻子的稻田,种

mài zi de mài tián děng   zài hàn zì zhōng fán shì yóu   tián   zǔ chéng de zì dà dōu
麦子的麦田等。在汉字中凡是由"田"组成的字大都

yǔ tián dì huò gēng zhòng yǒu guān xi
与田地或耕种有关系。

mǔ
亩　亩

yòng lái biǎo shì tián dì de dān wèi
用来表示田地的单位。

pàn
畔　畔

yí kuài dì de biān jiè
一块地的边界。

jiè
畍　界

tǔ dì de biān jiè   yě kě yǐ biǎo shì páng biān
土地的边界,也可以表示旁边

huò jiǎo luò
或角落。

qí
畦　畦

yí kuài tián yuán zhōng fēn chéng de xiǎo qū kuài
一块田园中分成的小区块。

# 一个青翠的字

甲骨文

xiǎo péng you    tián zì gé lǐ de zì huì ràng nǐ xiǎng dào shén me
小朋友，田字格里的字会让你想到什么？

xiàng bu xiàng chūn tiān lái le    dà dì shàng zhǎng chū de qīng cǎo    hái xiàng gāng
像不像春天来了，大地上长出的青草，还像刚

pò tǔ zhǎng chū liǎng bàn yè zi de nèn yá
破土长出两瓣叶子的嫩芽？

zhè ge zì shì    cǎo    xiě zuò    shí shì gè xiàng xíng zì    hòu
这个字是"草"，写作"艸"时是个象形字，后

lái xiě chéng    cǎo    jiù biàn chéng le xíng shēng zì    xiàn zài fán shì dài    de
来写成"草"就变成了形声字。现在凡是带"艹"的

hàn zì dà dōu yu zhí wù yǒu guān
汉字大都与植物有关。

带艹的蔬菜：

| fān | qié | | |
|---|---|---|---|
| 蕃 | 茄 | | |

| qín | cài | | |
|---|---|---|---|
| 芹 | 菜 | | |

| ǒu | | cōng | |
|---|---|---|---|
| 藕 | | 葱 | |

带艹的水果：

| cǎo | méi | | |
|---|---|---|---|
| 草 | 莓 | | |

| pú | tao | | |
|---|---|---|---|
| 葡 | 萄 | | |

| bō | luó | | |
|---|---|---|---|
| 菠 | 萝 | | |

一首青翠的诗

# 小草

文 / 朱自清

shuì le de xiǎocǎo　　rú jīn sū xǐng le
睡了的小草，如今苏醒了！

lì zài tài yáng lǐ　　qiànshēnzhe　　róu tā men de yǎn jing
立在太阳里，欠伸着，揉她们的眼睛。

wěihuáng de xiǎocǎo　　rú jīn lù sè le
萎黄的小草，如今绿色了！

fǔ yǎng huì fēngqián　　xiào mī mī de bǐ cǐ xiàngzhe
俯仰惠风前，笑眯眯地彼此向着。

bú jiàn le de xiǎocǎo　　rú jīn suí yì zhǎngzhe le
不见了的小草，如今随意长着了！

niǎo er kuài lè de shēng yīn　　tóngbàn　　wǒmen bié de jiǔ le
鸟儿快乐的声音，"同伴，我们别得久了！"

hǎonóng de chūn yì he
好浓的春意呵！

# 哞哞叫
# 的字

xīng qī tiān　xiǎo xiǎo　méng méng hé míng míng dào bó wù guǎn qù wán　　tā men zài
星期天，小小，萌萌和明明到博物馆去玩，他们在

yí gè gǔ dài qīngtóng qì shàng fā xiàn le shén me shén mì huā wén
一个古代青铜器上发现了什么神秘花纹？

zhè shì shén me huā wén ya　　yí gè miàn jù ma
这是什么花纹呀，一个面具吗？

hǎo xiàng shì yí gè niú tóu
好像是一个牛头。

nǐ men kàn
你们看，

hái yǒu niú jiǎo hé niú ěr duo ne
还有牛角和牛耳朵呢。

gǔ rén zuì zǎo jiù shì gēn jù niú tóu de yàng zi zào chū le niú zì
古人最早就是根据牛头的样子造出了"牛"字：

牛角 ——
牛耳朵 ——

甲骨文　　　　　小篆　　　　　楷体

niú shì shí fēn zhòng yào de shēng chù shì nóng mín zhòng zhuāng jia de hǎo bāng shou
牛是十分重要的牲畜，是农民种庄稼的好帮手。
suǒ yǐ dà duō dài niú de hàn zì dōu yǔ shēng chù yǒu guān
所以，大多带"牛"的汉字，都与牲畜有关。

shēng
牲
gōng shí yòng de jiā chù
供食用的家畜。

láo
牢
sì yǎng shēng chù de lán juàn
饲养牲畜的栏圈。

mōu
哞
niú de jiào shēng
牛的叫声。

wù
物
yuán zhǐ zá yán sè de niú
原指杂颜色的牛，
xiàn zài zhǐ gè zhǒng dōng xi
现在指各种东西。

# "青"字聚会

xià tiān lǐ　　lǜ shù qīng cuì　　hóng huā xiān yàn　　dì shàng de cǎo er　yě shì qīng
夏天里，绿树青翠，红花鲜艳，地上的草儿也是青

qīng cuì cuì de yàng zi　　qīng　　zhèng shì cǎo mù gāng shēng zhǎng chū lái de yán sè　　suǒ
青翠翠的样子。"青"正是草木刚生长出来的颜色，所

yǐ tā yě yǒu měi hǎo de yì si　　qīng　　zì hái yǒu hěn duō qīn qi péng you ne
以它也有美好的意思。"青"字还有很多亲戚朋友呢，

qiáo　　tā men zhèng zài jù huì
瞧，他们正在聚会！

qīng
**清**
氵＋青

shuǐ qīng chè　　jié jìng
水清澈、洁净。

| 清 | 水 | | 清 | 新 |
|---|---|---|---|---|
|  |  | |  |  |

jīng
**睛**
目＋青　　yǎn zhū
　　　　眼珠。

míng liàng de　yǎn zhū bāng wǒ men kàn qīng dōng xi
明亮的眼珠帮我们看清东西。

| 眼 | 睛 | | 画 | 龙 | 点 | 睛 |
|---|---|---|---|---|---|---|
|  |  | |  |  |  |  |

qiàn
**倩**
亻+青

měi hǎo de zī róng
美好的姿容。

倩笑　　倩影

qíng
**晴**
日+青

chū tài yáng　bú xià yǔ de tiān qì
出太阳、不下雨的天气。

晴天　　晴朗

jìng
**静**
青+争

tíng zhǐ de
停止的。

méi yǒu shēng yīn
没有声音。

安静　　冷静

qǐng
**请**
讠+青

kěn qiú　qí qiú
恳求、祈求。

yòng měi hǎo de yǔ yán dǎ dòng rén
用美好的语言打动人。

请求　　请坐

# 好雨知时节

hǎo yǔ zhī shí jié　　dāng chūn nǎi fā shēng　　chūn tiān lǐ bǎi huā kāi fàng　bǎi cǎo qīng
"好雨知时节，当春乃发生"，春天里百花开放，百草青

qīng　　dōu lí bu kāi yǔ shuǐ de zī rùn　　nǐ kàn　　yòu xià qǐ le xī xī lì lì de xiǎo yǔ le
青，都离不开雨水的滋润。你看，又下起了淅淅沥沥的小雨了。

xiǎo xiao hé méngmeng dōu zài wū yán xià jiē　yǔ shuǐ wán ne
小小和萌萌都在屋檐下接雨水玩呢！

gǔ rén zuì zǎo gēn jù tiān shàng xià yǔ de chǎng jǐng zào chū le　　yǔ　　zì　zuì shàngmian nà
古人最早根据天上下雨的场景造出了"雨"字，最上面那

yì héng dài biǎo tiān　　tiān xià miàn shì liù tiáo duǎn xiàn　　zhè biǎo shì cóng tiān shàng luò xià de yǔ shuǐ
一横代表天；天下面是六条短线，这表示从天上落下的雨水！

天 ——

雨水 ——

甲骨文 ⇨ 楷体

hòu lái　　zì yuè zào yuè duō　　gǔ rén jiù bǎ hé　　yún　　yǔ　　děng tiān qì
后 来 ， 字 越 造 越 多 ， 古 人 就 把 和 " 云 、 雨 " 等 天 气

yǒu guān de　zì dōu jiā shàng le　　yǔ　piānpáng　　bǐ rú
有 关 的 字 都 加 上 了 " 雨 " 偏 旁 。 比 如 ：

lù
露 　　　（ 露　水 ）

shuāng
霜 　　　（　　　　　）

xiá
霞 　　　（　　　　　）

xuě
雪 　　　（　　　　　）

léi
雷 　　　（　　　　　）

# 妙笔写文章

xīn xué qī kāi xué shí  xiǎng bì tóng xué men yí dìng huì
新学期开学时，想必同学们一定会

zhǔn bèi xǔ duō jīng měi de xīn wén jù  qí zhōng bì bù kě
准备许多精美的新文具，其中必不可

shǎo de jiù shì gè zhǒng gè yàng de bǐ  xiàn zài wǒ men jiù
少的就是各种各样的笔。现在我们就

lái rèn shí yí xià  bǐ  zhè gè zì
来认识一下"笔"这个字。

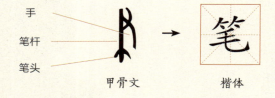

手
笔杆
笔头
甲骨文　　　楷体

xiǎo péng you  nǐ men kàn  bǐ zuì zǎo de yàng zi xiàng bu xiàng yì zhī shǒu wò zhe zuǒ
小朋友，你们看，笔最早的样子像不像一只手握着左

bian shù zhe de yí gè bǐ gǎn  xià miàn sān gè chā shì bǐ tóu ne  suǒ yǐ  gǔ rén zào chū
边竖着的一个笔杆，下面三个叉是笔头呢！所以，古人造出

bǐ  zhè gè zì jiù shì biǎo shì yí gè rén zài wò zhe bǐ xiě zì
"笔"这个字就是表示一个人在握着笔写字！

tā kě yǐ biǎo shì xiě zì de gōng jù    bǐ rú
它可以表示写字的工具，比如：

máo bǐ
毛笔 □ □

qiān bǐ
铅笔 □ □

yě kě yǐ biǎo dá shū xiě de yì si    bǐ rú
也可以表达书写的意思，比如：

bǐ jì
笔迹 □ □

bǐ míng
笔名 □ □

máo bǐ    zài gǔ dài shì dú shū rén měi tiān dōu yào shǐ yòng de wù
毛笔，在古代是读书人每天都要使用的物

pǐn    tā hé mò    zhǐ    yàn tai yì qǐ zǔ chéng le    wén fáng sì bǎo
品。它和墨、纸、砚台一起组成了"文房四宝"。

笔

墨

纸

砚

# 西风起，天气凉

gǔ rén bǎ qiū fēng yě chēng zuò　xī fēng　　　dào le shí
古人把秋风也称作"西风"。到了十

yuè　xī fēng jiàn qǐ　tiān qì zhuǎn liáng　shù yè yí piàn piàn de
月，西风渐起，天气转凉，树叶一片片的

luò xià　　shù shàng de niǎo cháo yě kōng le　　jī jī zhā zha jiào le
落下。树上的鸟巢也空了，叽叽喳喳叫了

yí gè xià tiān de niǎo er　yě bù zhī fēi dào nǎ lǐ qù le
一个夏天的鸟儿也不知飞到哪里去了。

xiǎo péng you　qiū fēng wèi shén me bèi chēng zuò　xī fēng
小朋友，秋风为什么被称作"西风"

ne　　xī　zhè ge zì hái yǒu nǎ xiē xué wen
呢？"西"这个字还有哪些学问？

xī　zuì zǎo de yàng zi
"西"最早的样子：

xī　xiàn zài de yàng zi
"西"现在的样子：

甲骨文

xiàng bu xiàng shù shàng de niǎo cháo
像不像树上的鸟巢？

yì bǐ yí huà　héng píng shù zhí
一笔一画，横平竖直。

xī zuì kāi shǐ jiù shì biǎo shì niǎo zài cháo lǐ xiū xi
西，最开始就是表示鸟在巢里休息。

hòu lái gǔ rén rèn wéi tài yáng luò zài xī fāng de shí hou niǎo er cái huí
后来，古人认为，太阳落在西方的时候，鸟儿才回

dào cháo lǐ xiū xi jiù bǎ xī jiè qù biǎo shì fāng xiàng dōng xī nán běi de
到巢里休息，就把"西"借去表示方向"东西南北"的

xī le
"西"了。

jiù zhè yàng xī biàn gàn qǐ le xīn gōng zuò jù shuō gàn de hái hěn bú
就这样，"西"便干起了新工作，据说干得还很不

cuò ne
错呢！

zài gǔ dài zhǔ rén jiāng lǎo shī dōu ān pái zài xī miàn de zuò
在古代，主人将老师都安排在西面的座

wèi shàng miàn xiàng dōng zuò yǐ biǎo shì zūn jìng suǒ yǐ
位上（面向东坐），以表示尊敬，所以，

rén men jiù zūn chēng lǎo shī wéi xī xí huò xī bīn
人们就尊称老师为"西席"或"西宾"。

yīn wèi xī fēng shì qiū tiān cái kāi shǐ guā qǐ de rén
因为西风是秋天才开始刮起的，人

men jiù yòng xī fēng lái biǎo shì qiū tiān de fēng qiū tiān
们就用西风来表示秋天的风、秋天。

# 危楼高百尺

　　xiǎo péng you　　　　bù zhī dào nǐ men fā xiàn le méi yǒu　　qí shí měi yí gè hàn zì bǎo
　　小朋友，不知道你们发现了没有，其实每一个汉字宝

bao yě gēn wǒ men rén yí yàng　dōu yǒu xǔ duō qīn qi péng you　nǐ kàn　　wǒ men jīn tiān
宝也跟我们人一样，都有许多亲戚朋友。你看，我们今天

yào rèn shi de　gāo　zì jiù yǒu yí gè dà jiā zú ne
要认识的"高"字就有一个大家族呢！

　　　　　gāo　　shì yí gè gēn fáng wū yǒu guān de hàn zì　yòng lái biǎo shì yǒu tǔ tái de
　　"高"是一个跟房屋有关的汉字。用来表示有土台的

jiān dǐng lóu fáng　hòu lái　rén men yě yòng tā biǎo shì gāo sǒng de dōng xi　rú　gāo
尖顶楼房。后来，人们也用它表示高耸的东西，如"高

shān　děng
山"等。

　　　　màn màn de　　　gāo　de jiā zú chéng yuán yuè lái yuè duō le　　nǐ men kàn
　　慢慢地，"高"的家族成员越来越多了，你们看：

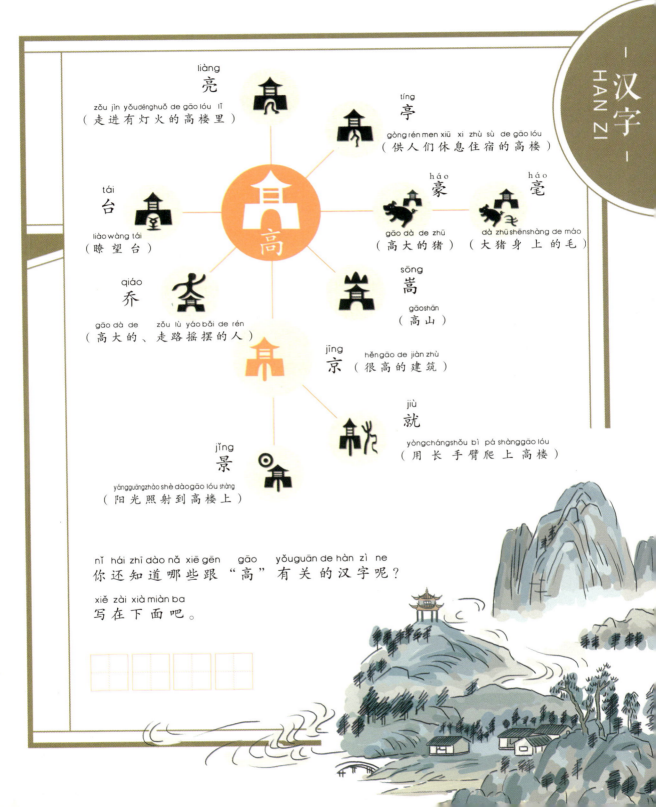

汉字 HAN ZI

liàng
亮
zǒu jìn yǒu dēng huǒ de gāo lóu lǐ
（走进有灯火的高楼里）

tíng
亭
gòng rén men xiū xi zhù sù de gāo lóu
（供人们休息住宿的高楼）

tái
台
liào wàng tái
（瞭望台）

háo
豪
gāo dà de zhū
（高大的猪）

háo
毫
dà zhū shēn shàng de máo
（大猪身上的毛）

qiáo
乔
gāo dà de    zǒu lù yáo bǎi de rén
（高大的、走路摇摆的人）

sōng
嵩
gāo shān
（高山）

jīng
京 （很高的建筑）
hěn gāo de jiàn zhù

jiù
就
yòng cháng shǒu bì pá shàng gāo lóu
（用长手臂爬上高楼）

jǐng
景
yáng guāng zhào shè dào gāo lóu shàng
（阳光照射到高楼上）

高

nǐ hái zhī dào nǎ xiē gēn    gāo    yǒu guān de hàn zì ne
你还知道哪些跟"高"有关的汉字呢？
xiě zài xià miàn ba
写在下面吧。

每个人都是一首诗文，人生的每一个瞬间都可以吟咏歌唱。当我们为「采莲南塘秋，莲花过人头」而欣喜，为「星垂平野阔，月涌大江流」而激越，为「知我者谓我心忧，不知我者谓我何愁」而踌躇，为「天生我材必有用，千金散尽还复来」而坦然时，也许正是因为，辗转归来，迎头遇上了另一个自我。

（本章绘图：胡晓蕊）

诗文

春风花草香

# 赠花卿

〔唐〕杜甫

jǐn chéng sī guǎn rì fēn fēn
锦 城 丝 管 日 纷 纷，

bàn rù jiāng fēng bàn rù yún
半 入 江 风 半 入 云 。

cǐ qǔ zhǐ yīng tiān shàng yǒu
此 曲 只 应 天 上 有，

rén jiān néng dé jǐ huí wén
人 间 能 得 几 回 闻 ？

## 走进诗中

美妙悠扬的乐曲，整日地飘散在锦官城（成都）上空，轻轻地荡漾在锦江上，悠悠地升腾进白云之间。如此美妙的音乐，只应神仙享用，世间的百姓，一生能听几回？

## 诗中音韵

余音绕梁，三日不绝。 ——《列子·汤问》

谁家玉笛暗飞声，散入春风满洛城。 ——〔唐〕李白《春夜洛城闻笛》

# 早梅

〔明〕道源

万树寒无色，
南枝独有花。
香闻流水处，
影落野人家。

## 走进诗中

xuě huā luò xià　　gěi shù mù pī shàng le yín zhuāng　　yì diǎn yán sè dōu
雪花落下，给树木披上了银装，一点颜色都

méi yǒu　　zài nán bian de shù zhī shàng yǒu yì xiē huā　　méi yǒu yè zi　　zài
没有；在南边的树枝上有一些花，没有叶子。在

xiǎo xī páng wǒ dōu wén dào le xiāng wèi　　tái tóu yí kàn　　zhǐ jiàn méi huā de
小溪旁我都闻到了香味，抬头一看，只见梅花的

yǐng zi yìng zài nóng jiā de qiáng bì shàng
影子映在农家的墙壁上。

## 诗中梅花

qiáng jiǎo shù zhī méi　　líng hán dú zì kāi
墙角数枝梅，凌寒独自开。　　——〔宋〕王安石《梅》

méi xū xùn xuě sān fēn bái　　xuě què shū méi yí duànxiāng
梅须逊雪三分白，雪却输梅一段香。　　——〔宋〕卢梅坡《雪梅》

bú yào rén kuā hǎo yán sè　　zhǐ liú qīng qì mǎnqián kūn
不要人夸好颜色，只留清气满乾坤。　　——〔元〕王冕《墨梅》

# 苔

〔清〕袁枚

bái rì bú dào chù
白 日 不 到 处，

qīng chūn qià zì lái
青 春 恰 自 来。

tái huā rú mǐ xiǎo
苔 花 如 米 小，

yě xué mǔ dan kāi
也 学 牡 丹 开。

## 走进诗中

zài zhè shǒu shī lǐ　　shī rén miáo shù le　yì zhǒng shēng zhǎng zài yīn àn cháo
在 这 首 诗 里， 诗 人 描 述 了 一 种 生 长 在 阴 暗 潮

shī huán jìng zhòng de　dī děng zhí wù　　chūn tiān　míng liàng de yáng guāng zhào bu dào
湿 环 境 中 的 低 等 植 物。 春 天， 明 亮 的 阳 光 照 不 到

de bèi yīn chù　　shēng mìng yě zhào cháng zài méng dòng　　zài péng bó shēng zhǎng　　nǎ
的 背 阴 处， 生 命 也 照 常 在 萌 动、 在 蓬 勃 生 长。 哪

pà nà rú mǐ lì　yì bān wēi xiǎo de tái huā　　yě yì diǎn bú zì bēi　　yī rán
怕 那 如 米 粒 一 般 微 小 的 苔 花， 也 一 点 不 自 卑， 依 然

xiàng nà měi lì gāo guì de mǔ dan yí yàng　　zì háo de shèng kāi
像 那 美 丽 高 贵 的 牡 丹 一 样， 自 豪 地 盛 开。

# 春游湖

〔宋〕徐俯

shuāng fēi yàn zi jǐ shí huí
双 飞 燕 子 几 时 回 ？

jiā àn táo huā zhàn shuǐ kāi
夹 岸 桃 花 蘸 水 开 。

chūn yǔ duàn qiáo rén bú dù
春 雨 断 桥 人 不 度 ，

xiǎo zhōu chēng chū liǔ yīn lái
小 舟 撑 出 柳 阴 来 。

## 走进诗中

雨后初晴，诗人去湖边游玩，看到一对对燕子飞来飞去在水面啄食，就询问燕子："你们是什么时候飞回来的？"小河两岸的桃树枝条浸在水里，鲜红的桃花已经开放。下了几天的春雨，河水涨起来淹没（隔断）了小桥，人不能过河，可怎么办呀？正在这时候，从绿柳阴中咿咿呀呀撑出一只小船来，我们似乎都能听到诗人欣喜地说："可以摆渡过河了！"

# 由商丘入永城途中作

〔明〕李先芳

sān yuè qīng fēng mài làng shēng
三月轻风麦浪生，

huáng hé àn shàng wǎn bō píng
黄河岸上晚波平。

cūn yuán chù chù chuí yáng liǔ
村原处处垂杨柳，

yí lù qīng qīng dào yǒng chéng
一路青青到永城。

## 走进诗中
▼

sān yuè de chūn fēng qīng róu de cóng mài tián lüè guò　　yóu lǜ　de mài miáo
三月的春风轻柔地从麦田掠过，油绿的麦苗

shēng chū wēi wēi de bō làng　　zǒu zài huáng hé àn shàng　　kě jiàn hé shuǐ píng huǎn
生出微微的波浪；走在黄河岸上，可见河水平缓

de liú zhe　　wǎng yuán yě liào wàng　　chù chù chuí yáng　　yí lù qīng qīng de
地流着。往原野瞭望，处处垂杨，一路青青的，

bù jué jiù zǒu dào le yǒng chéng
不觉就走到了永城。

## 诗人的春游日记
▼

sān yuè sān rì tiān qì xīn　　cháng ān shuǐ biān duō lì rén
三月三日天气新，长安水边多丽人。

——〔唐〕杜甫《丽人行》

shèng rì xún fāng sì shuǐ bīn
胜日寻芳泗水滨，

wú biān guāng jǐng yì shí xīn
无边光景一时新。

——〔宋〕朱熹《春日》

# 池州翠微亭

〔宋〕岳飞

jīng nián chén tǔ mǎn zhēng yī
经 年 尘 土 满 征 衣 ，

tè tè xún fāng shàng cuì wēi
特 特 寻 芳 上 翠 微 。

hǎo shuǐ hǎo shān kàn bu zú
好 水 好 山 看 不 足 ，

mǎ tí cuī chèn yuè míng guī
马 蹄 催 趁 月 明 归 。

## 走进诗中

nián fù yì nián，wǒ chí chěng jiāng chǎng，zhàn páo shàng zhān mǎn le huī
年复一年，我驰骋疆场，战袍上沾满了灰

chén；jīn tiān，zài "de de" de mǎ tí shēng zhōng，dēng shàng shān，xīn shǎng
尘；今天，在"得得"的马蹄声中，登上山，欣赏

cuì wēi tíng de měi jǐng。hǎo shān hǎo shuǐ，wǒ zěn me yě kàn bu gòu，kě
翠微亭的美景。好山好水，我怎么也看不够，可

yǐ shì míng yuè dāng kōng，mǎ tí shēng yòu cuī zhe wǒ tà shàng le guī chéng
已是明月当空，马蹄声又催着我踏上了归程。

## 成语积累

míng shān dà chuān
名 山 大 川

jǐn xiù hé shān
锦 绣 河 山

# 春暮

〔宋〕曹豳

mén wài wú rén wèn luò huā
门 外 无 人 问 落 花 ，

lù yīn rǎn rǎn biàn tiān yá
绿 阴 冉 冉 遍 天 涯 。

lín yīng tí dào wú shēng chù
林 莺 啼 到 无 声 处 ，

qīng cǎo chí táng dú tīng wā
青 草 池 塘 独 听 蛙 。

## 走进诗中

chūn tiān jiù yào guò qù　　yǐ jīng méi rén zài qù zhù yì mén wài piāo luò
春天就要过去，已经没人再去注意门外飘落

de hóng huā　　zhǐ jiàn nóng yù de lù yīn wú biān wú jì　　pū xiàng hǎi jiǎo tiān
的红花，只见浓郁的绿阴无边无际，铺向海角天

yá　　shù shàng de huáng yīng tí shēng jiàn jiàn tíng xià　　wǒ dú zì zhàn zài zhǎng mǎn
涯。树上的黄莺啼声渐渐停下，我独自站在长满

qīng cǎo de chí tángbiān　　tīngqīng wā bù tíng de jiào zhe　　yí piànxuānhuá
青草的池塘边，听青蛙不停地叫着，一片喧哗。

## 成语积累

| liǔ | àn | huā | míng |
|---|---|---|---|
| 柳 | 暗 | 花 | 明 |

| bǎi | huā | qí | fàng |
|---|---|---|---|
| 百 | 花 | 齐 | 放 |

# 同州端午

〔唐〕殷尧藩

hè fà chuí jiān chǐ xǔ cháng
鹤 发 垂 肩 尺 许 长，

lí jiā sān shí wǔ duān yáng
离 家 三 十 五 端 阳 。

ér tóng jiàn shuō shēn jīng yà
儿 童 见 说 深 惊 讶，

què wèn hé fāng shì gù xiāng
却 问 何 方 是 故 乡 。

## 走进诗中

每逢佳节倍思亲。诗人端午节在家中与孩子闲聊，抒发的是强烈的思乡之情。

很小的时候就离开家乡，到如今白头发垂到肩膀上都有一尺长了，还没回去。离家已整整三十五个端午节了。孩子们听说同州并不是真正的家乡，很是吃惊，急忙探问哪里才是故乡。

整首诗娓娓叙述，如话家常，而字里行间又洋溢着真切的情感，是唐诗中的佳作。

# 闲居初夏午睡起

〔宋〕杨万里

sōng yīn yí jià bàn gōng tái
松　阴　一　架　半　弓　苔　，

ǒu yù kàn shū yòu lǎn kāi
偶　欲　看　书　又　懒　开　。

xì jū qīng quán sǎ jiāo yè
戏　掬　清　泉　洒　蕉　叶　，

ér tóng wù rèn yǔ shēng lái
儿　童　误　认　雨　声　来　。

★ 半弓（bàn gōng）：半弓之地（bàn gōng zhī dì），形容面积很小（xíng róng miàn jī hěn xiǎo）。弓（gōng），是古代丈量（shì gǔ dài zhàng liáng）土地的单位（tǔ dì de dān wèi），一弓等于（yì gōng děng yú）1.6米（mǐ）。

## 走进诗中

yuàn zi lǐ sōng shù de shù yīn xià zhǎng zhe bàn gōng de qīng tái
院子里松树的树阴下长着半弓的青苔，

wǒ xiǎng kàn shū kě yòu lǎn de qù fān kāi shí zài wú liáo jiù yòng shǒu
（我）想看书可又懒得去翻开。实在无聊，就用手

pěng qǐ quán shuǐ qù jiāo bā jiāo nà xī lì de shuǐ shēng jīng dòng le zhèng zài wán
捧起泉水去浇芭蕉，那淅沥的水声惊动了正在玩

shuǎ de hái zi tā men hái yǐ wéi tū rán xià yǔ le ne
耍的孩子，他们还以为突然下雨了呢！

shī rén de xián sàn wú liáo yǔ ér tóng de tiān zhēn làn màn xiāng bǐ jiào
诗人的闲散无聊与儿童的天真烂漫相比较，

yí gè xì zì yí gè wù zì qǐ dào xiāng hù yìng chèn de zuò
一个"戏"字，一个"误"字起到相互映衬的作

yòng ér qíng jǐng wǎn rán hán yǒu wú qióng lè qù
用，而情景宛然，含有无穷乐趣。

# 劝学诗

〔唐〕颜真卿

sān gēng dēng huǒ wǔ gēng jī
三 更 灯 火 五 更 鸡 ，

zhèng shì nán ér dú shū shí
正 是 男 儿 读 书 时 。

hēi fà bù zhī qín xué zǎo
黑 发 不 知 勤 学 早 ，

bái shǒu fāng huǐ dú shū chí
白 首 方 悔 读 书 迟 。

## 走进诗中

qín láo de rén　　qín fèn xué xí de xué shēng zài sān gēng bàn yè shí hái zài
勤劳的人、勤奋学习的学生在三更半夜时还在

gōng zuò　xué xí　dēng hái liàng zhe　ér tā men xī dēng tǎng xià bù jiǔ
工作、学习，灯还亮着。而他们熄灯躺下不久，

wǔ gēng tiān jī jiù jiào le　zhè xiē qín láo de rén yòu qǐ chuáng máng lù kāi
五更天鸡就叫了，这些勤劳的人又起床忙碌开

le　nián shǎo de xué shēng yě yìng gāi xiàng zhè yàng yè yǐ jì rì de qín fèn
了。年少的学生也应该像这样夜以继日地勤奋

xué xí
学习。

rú guǒ shào nián shí bù zhī dào hǎo hǎo xué xí　dào lǎo de shí hou jiù
如果少年时不知道好好学习，到老的时候就

huì hòu huǐ zì jǐ xiǎo shí hou wèi shén me bú qù qín fèn nǔ lì
会后悔自己小时候为什么不去勤奋努力。

# 赋 新 月

〔唐〕缪氏子

chū yuè rú gōng wèi shàng xián
初 月 如 弓 未 上 弦 ，

fēn míng guà zài bì xiāo biān
分 明 挂 在 碧 霄 边 。

shí rén mò dào é méi xiǎo
时 人 莫 道 蛾 眉 小 ，

sān wǔ tuán yuán zhào mǎn tiān
三 五 团 圆 照 满 天 。

## 走进诗中

yuè chū de xīn yuè xíng zhuàng xiàng wān
月初的新月形状像弯

gōng yí yàng　hái méi yǒu dào bàn gè yuán
弓一样，还没有到半个圆，

què qīng chu de xié guà zài tiān biān　rén
却清楚地斜挂在天边。人

men bú yào xiǎo kàn tā zhǐ xiàng wān wān de
们不要小看它只像弯弯的

méi mao　děng dào shí wǔ yè　tā huì tuán
眉毛，等到十五夜，它会团

yuán wán mǎn　guāng zhào tiān xià
圆完满，光照天下。

## 诗中的月亮

xiǎo péng you　yuè liang zài bù tóng de shí hou huì yǒu bù tóng de xíng zhuàng　yǒu shí xiàng wān
小朋友，月亮在不同的时候会有不同的形状，有时像弯

gōng　yǒu shí yòu xiàng yuán pán　dú dú xià miàn de shī jù　nǐ jiù zhī dào le
弓，有时又像圆盘。读读下面的诗句，你就知道了：

xiǎo shí bú shí yuè　hū zuò bái yù pán
小时不识月，呼作白玉盘。　——〔唐〕李白《古朗月行》

kě lián jiǔ yuè chū sān yè　lù sì zhēn zhū yuè sì gōng
可怜九月初三夜，露似珍珠月似弓。　——〔唐〕白居易《暮江吟》

# 十五夜望月

〔唐〕王建

zhōng tíng dì bái shù qī yā
中庭地白树栖鸦，

lěng lù wú shēng shī guì huā
冷露无声湿桂花。

jīn yè yuè míng rén jìn wàng
今夜月明人尽望，

bù zhī qiū sī luò shuí jiā
不知秋思落谁家？

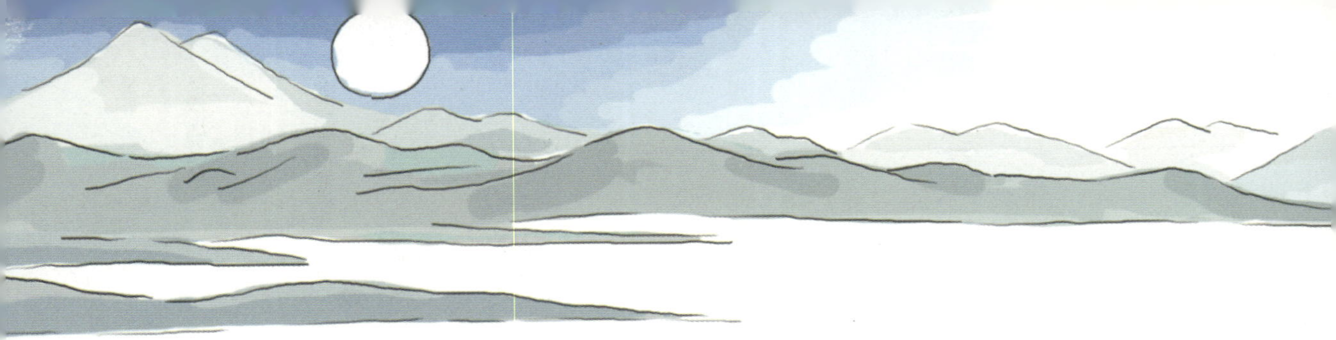

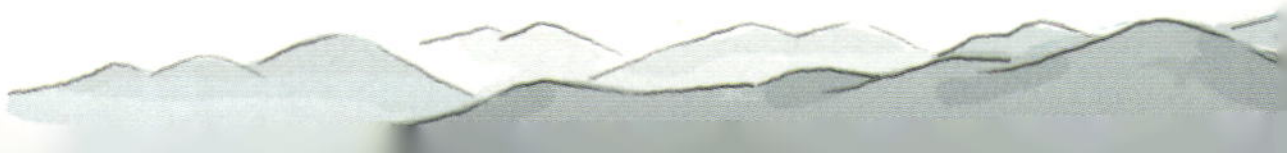

## 走进诗中

bā yuè shí wǔ zhōng qiū de yuè guāng zhào shè zài tíng yuàn zhōng dì miàn hǎo
八月十五中秋的月光照射在庭院中，地面好

xiàng pū shàng le yì céng bái bái de shuāng xuě shù shàng de yā què yě tíng zhǐ le
像铺上了一层白白的霜雪，树上的鸦雀也停止了

chǎo nào jìn rù mèng xiāng yè shēn le qīng lěng de lù shui qiāo qiāo de dǎ
吵闹，进入梦乡。夜深了，清冷的露水悄悄地打

shī yuàn zi lǐ kāi fàng de guì huā jīn yè míng yuè dāng kōng rén men dōu
湿院子里开放的桂花。今夜，明月当空，人们都

zài shǎng yuè bù zhī dào nà máng máng de sī niàn luò zài shuí de yì biān
在赏月，不知道那茫茫的思念落在谁的一边？

yì fān yì jiǎng yì yú zhōu
一 帆 一 桨 一 渔 舟，

yí gè yú wēng yí diào gōu
一 个 渔 翁 一 钓 钩。

yì fǔ yì yǎng yì chǎng xiào
一 俯 一 仰 一 场 笑，

yì jiāng míng yuè yì jiāng qiū
一 江 明 月 一 江 秋。

# 一字诗

（清）陈沆

## 走进诗中

zài yān bō hào miǎo de jiāng shàng　　yǎn qián wàng qù shì bì kōng rú xǐ
在烟波浩淼的江上，眼前望去是碧空如洗，

hào yuè dāng tóu　　qiū sè mǎn jiāng de měi jǐng　　yuǎn yuǎn yǒu yì sōu yú zhōu dàng
皓月当头，秋色满江的美景。远远有一艘渔舟荡

jiǎng ér lái　　yú wēng shǒu chí diào gōu　　diào dé yú lái mǎn xīn huān xǐ　　shī
桨而来，渔翁手持钓钩，钓得鱼来满心欢喜。诗

lǐ měi gè　　yī　　dōu yǒu xiān míng de xíng xiàng　　xiě rén zhuàng wù　　huì shēng
里每个"一"都有鲜明的形象，写人状物，绘声

huì sè　　hěn yǒu shī qínghuà yì
绘色，很有诗情画意。

# 夜雪

〔唐〕白居易

yǐ　yà　qīn　zhěn　lěng
已 讶 衾 枕 冷 ，

fù　jiàn　chuāng　hu　míng
复 见 窗 户 明 。

yè　shēn　zhī　xuě　zhòng
夜 深 知 雪 重 ，

shí　wén　zhé　zhú　shēng
时 闻 折 竹 声 。

## 走进诗中

tiān qì hán lěng wǒ zài shuì mèng zhōng bèi dòng xǐng jīng yà de fā xiàn
天气寒冷，我在睡梦中被冻醒，惊讶地发现

gài zài shēn shàng de bèi zi yǐ jīng yǒu xiē bīng lěng le zhèng zài wǒ yí huò de
盖在身上的被子已经有些冰冷了。正在我疑惑的

shí hou tái yǎn wàng chū qù zhǐ jiàn chuāng hu bèi yìng de míng liàng liàng de
时候，抬眼望出去，只见窗户被映得明亮亮的。

zhè cái zhī dào yè jiān xià le yì chǎng dà xuě xuě xià de nà me dà wǒ bù
这才知道夜间下了一场大雪，雪下得那么大，我不

shí néng tīng dào yuàn luò lǐ de zhú zi bèi xuě yā shé de shēng xiǎng
时能听到院落里的竹子被雪压折的声响。

好儿郎，上学堂。学堂里，把歌唱。歌唱祖国，山河壮；歌唱父母，恩情长；歌唱知识，学习忙；歌唱友谊，不敢忘；歌唱生活，意铿锵；歌唱未来，心激荡。你也歌唱我也歌唱，学堂乐歌歌声嘹亮。

（本章绘图：胡晓蕊、青菜仙人）

# 学堂乐歌

忙趁东风放纸鸢

# 新年到

新年到，新年到。

吃糖果，吃年糕。

穿新衣，上街跑。

走一步，跳一跳。

拜新年，拿红包。

拿了红包买花炮。

huā pào fàng de gāo
花炮放得高，

dì di mèi mei hā hā xiào
弟弟妹妹哈哈笑。

想一想

xiǎo péng you　　guò nián shí　 nǐ jiā yǒu xià miàn zhè xiē xí sú ma
小朋友，过年时，你家有下面这些习俗吗？

fàng biān pào
放鞭炮

ná hóng bāo
拿红包

bài xīn nián
拜新年

叽叽喳喳，
叽喳喳喳，
喳喳叽唧叽唧，
叫得真甜蜜，
歌颂春晨暗欢喜，
笑人不早起。

# 春晨

月光光淡，
小星稀，

晓光透天际。

人没醒，
鸟先啼，

欢迎朝阳照大地。

叶儿肥，
yè er féi

花儿香。
huā er xiāng

春看花，
chūn kàn huā

夏乘凉，
xià chéng liáng

结成果儿大家尝。
jiē chéng guǒ er dà jiā cháng

# 植树歌

xiǎo shān xià,
小山下，

kòng dì shàng
空地上，

jiā jiā hù hù zhòng shù máng
家家户户种树忙。

yì kē kē,
一棵棵，

yì háng háng
一行行，

gēn er shēn,
根儿深，

zhī er cháng
枝儿长，

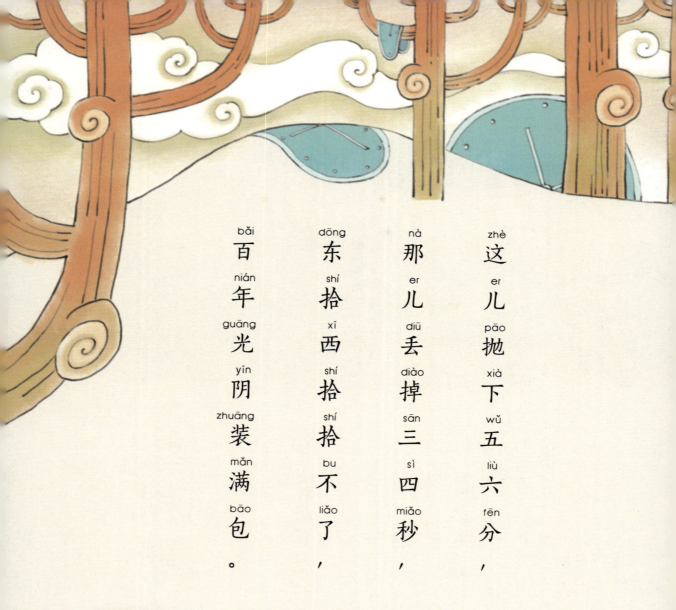

这儿 zhè er 抛下 pāo xià 五六 wǔ liù 分， fēn

那儿 nà er 丢掉 diū diào 三四 sān sì 秒， miǎo

东拾 dōng shí 西拾 xī shí 拾不了， shí bu liǎo

百年 bǎi nián 光阴 guāng yīn 装满 zhuāng mǎn 包。 bāo

写一写

| 一 yí | 寸 cùn | 光 guāng | 阴 yīn | 一 yí | 寸 cùn | 金 jīn |
|---|---|---|---|---|---|---|
| | | | | | | |

# 拾时间的老人

矮(ǎi)老(lǎo)老(lao)，弯(wān)着(zhe)腰(yāo)，

急(jí)急(jí)忙(máng)忙(máng)满(mǎn)街(jiē)跑(pǎo)。

一(yì)边(biān)跑(pǎo)一(yì)边(biān)找(zhǎo)，

找(zhǎo)到(dào)时(shí)间(jiān)真(zhēn)不(bù)少(shǎo)。

# 四时读书乐

yù zhī dú shū lè
欲知读书乐，

shì tīng dú shū gē
试听读书歌：

wàn shì shū zhōng yǒu
万事书中有，

yī yī gè fēn kē
一一各分科。

shī zhǎng shàn jiào dǎo
师长善教导，

tóng xué xiāng qiē cuō
同学相切磋。

chūn qiū qì hòu hǎo
春秋气候好，

hán shǔ jià qī duō
寒暑假期多：

sì shí gè xiāng yí
四时各相宜，

guāng yīn mò cuò guò
光阴莫错过。

ér shí bù dú shū
儿时不读书，

lǎo lái huàn nài hé
老来唤奈何。

选一选

xiǎo péng you　　xià miàn nǎ xiē gù shi　　shì wǒ men xué xí de hǎo bǎng yàng
小朋友，下面哪些故事，是我们学习的好榜样？

náng yíng yìng xuě
囊萤映雪
〇

kè zhōu qiú jiàn
刻舟求剑
〇

mù lán cóng jūn
木兰从军
〇

yè gōng hào lóng
叶公好龙
〇

xuán liáng cì gǔ
悬梁刺股
〇

záo bì tōu guāng
凿壁偷光
〇

始业式

xué táng jīn zhāo kāi xiào
学堂今朝开校，

qīng chén qǐ chuáng zǎo
清晨起床早。

tóng xué yī rán jǐ jǐ
同学依然济济，

yīn qín xiāng wèn hǎo
殷勤相问好。

guó qí wǔ sè piāo piāo
国旗五色飘飘，★

xù rì zhèng xiāng zhào
旭日正相照。

cóng zī ★ jìn bù yù sù
从兹 进步愈速，

zhī shí rì zēng gāo
知识日增高。

---

★ 看一看

shǐ yè shì　　　 kāi xué diǎn lǐ
【始业式】：开学典礼。

wǔ sè qí　　　 dāng shí de zhōng guó guó qí　　　　　 nián　　　 nián
【五色旗】：当时的中国国旗（1912 年—1928 年）。

cóng zī　　 cóng cǐ　　 cóng xiàn zài
【从兹】：从此，从现在。

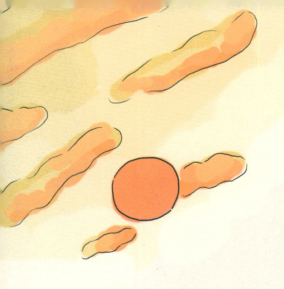

夕会歌

guāng yīn sì liú shuǐ
光阴似流水，

bù yí huì
不一会，

luò rì xiàng xī chuí
落日向西垂，

tóng xué men
同学们，

kè bì fàng xué guī
课毕放学归。

wǒ men zǐ xì xiǎng yi xiǎng
我们仔细想一想，

jīn tiān gōng kè míng bai wèi
今天功课明白未？

xiān sheng jiǎng de huà
先生讲的话，

kě céng yǒu wéi bèi
可曾有违背？

fù mǔ wàng ér guī
父母望儿归，

wǒ men yí lù mò pái huái
我们一路莫徘徊。

huí jiā wèn hòu zhǎng bèi
回家问候长辈，

wēn kè wù huāng fèi
温课勿荒废。

dà jiā nǔ lì ya
大家努力呀！

tóng xué men míng tiān zài huì
同学们，明天再会。

读一读

zhè shì fàng xué shí suǒ chàng de gē　　xī yáng xī xià　　xué shēng men bēi
这是放学时所唱的歌。夕阳西下，学生们背

zhe shū bāo gāo gāo xìng xìng huí jiā　　　tā men yòng shēn qíng ér yōu měi de gē
着书包高高兴兴回家。他们用深情而优美的歌

shēng　　biǎo dá zì jǐ yào nǔ lì chéng wéi guó jiā yǒu yòng zhī cái de xīn shēng
声，表达自己要努力成为国家有用之才的心声。

每一个故事便是一阵不同的风，有春天的和暖东风，有夏日的温熏南风，有秋天的爽飒西风，有冬日的凛冽北风。不同的风从文字间吹来，聚拢在孩子的心头，眉眼间都是四射的光华。

（本章绘图：羽狐、青菜仙人、陈雪、胡晓蕊）

# 寓言故事

## 山寺月中寻桂子

# 不识自己的字

不虚心接受意见，反而坚持错误，只会让自己显得愚蠢可笑。这样的错误，小朋友可不要犯哦！

宋朝有个丞相叫张商英，他爱好书法，尤其喜欢写草书。闲来无事时，他便会提笔写一阵，很是得意。其实，张丞相的书法很不到家，他却不以为然，依然我行我素。

这天饭后，张丞相突然来了诗兴，便叫书童磨墨铺纸。他提起笔来，一阵疾书，满纸龙飞凤舞。写完后，他摇头晃脑得意了好一阵，还意犹未尽，叫来侄子，让他把这些诗句抄录下来。

张丞相的侄子拿过纸笔，准备将诗

句记录下，可是他好半天才能辨认出一个字，碰到那些笔画曲折怪异的地方，只好连猜带蒙。可是有些地方，他实在是看不懂，只好捧着草稿去问张丞相。

张丞相拿着自己的大作，仔细看了很久，也认不清。自己写的字自己都不认识了，他心里颇有些下不了台，便责骂侄子说："你为什么不早些来问呢？我也忘记写的什么了！"

其实，很多人都像张丞相一样，总是自以为是，既不虚心，又爱坚持自己的错误，还强词夺理为自己辩护，结果是越显出自己的愚蠢可笑。

# 鸭子抓兔

小朋友，你养过鸭子吗？在你看来，鸭子能够抓住跑得飞快的兔子吗？

从前，有个人想抓野兔。他听说鹘鸟是抓兔子的能手，于是就到集市上去买鹘鸟。可谁知，这个人是个糊涂虫，错把鸭子当鹘鸟买回家来。

第二天，他带着鸭子，到了野外，果真发现草丛里蹿出来一只野兔。他忙将鸭子用力抛出去，让它去追兔子。

鸭子被抛出去，重重地摔在地上，疼得嘎嘎直叫。

他以为自己用力太小了，便抱起鸭子，用更大的力气再抛了一次，鸭子又被重重地摔在地上，还是没去追兔子。这时，野兔听到响声，一溜烟的工夫，就跑得无影无踪。

这人一看，到嘴的兔子又跑了，气得直跺脚，对鸭子大骂道："我买你回来，你却不肯抓兔子，真是个没用的东西！"

鸭子一连被摔了两次，正满腹委屈。这时候，它也开口说话了："我是只鸭子，怎么帮你抓兔子？你看看我的脚掌，这么宽，这么厚，能飞得起来吗？你再用力摔我，我也抓不到兔子啊！"

# 吃菱角

世界上的事物是多种多样的，不懂是正常的，也是可以理解的，而不懂装懂就难免露馅出丑了。

cóng qián　　yǒu gè běi fāng rén　　dào nán fāng qù zuò
从前，有个北方人，到南方去做

guān　tā cóng xiǎo shēng zhǎng zài běi fāng　cóng lái méi yǒu jiàn guò
官。他从小生长在北方，从来没有见过

líng jiao ★
菱角。

yǒu yì tiān　　tā yìng yāo qù fù yàn　　yàn xí shàng chī
有一天，他应邀去赴宴，宴席上吃

líng jiao　　zhè gè rén lián ké yì qǐ fàng jìn zuǐ lǐ
菱角，这个人连壳一起放进嘴里。

yǒu rén kàn jiàn le　　hǎo xīn de duì tā shuō
有人看见了，好心地对他说：

chī líng jiao yào qù ké
"吃菱角要去壳。"

zhè gè rén wèi le yǎn shì zì jǐ de duǎn chù　　biàn lián
这个人为了掩饰自己的短处，便连

líng jiao　　　yì zhǒng shēng zhǎng yú chí táng　zhǎo zé de zhí wù
★ 菱角：一种生长于池塘、沼泽的植物，

guǒ shí de yìng ké yǒu jiǎo　guǒ ròu bái sè　　kě chī
果实的硬壳有角，果肉白色，可吃。

mángshuō dào
忙说道：

wǒ zhī dào chī líng jiao yào qù ké　　wǒ zhè yàng chī bú shì wèi
"我知道吃菱角要去壳，我这样吃不是为

le qīng rè ma
了清热嘛！"

nà gè hǎo xīn rén tīng le hòu　　bàn xìn bàn yí de wèn tā shuō
那个好心人听了后，半信半疑地问他说：

běi fāng yě yǒu líng jiao ma
"北方也有菱角吗？"

zhè rén huí dá shuō
这人回答说：

zěn me méi yǒu　　zài wǒ jiā de qián shān hé hòu shān shàng　　shén
"怎么没有？在我家的前山和后山上，什

me dì fang méi yǒu
么地方没有？"

# 落网的白雁

生活中总会发生这样的事：对别人的好心提醒不但不感谢，反而排斥，结果受伤的只能是自己。

在江苏太湖的湖边，常有白雁栖息。

晚上，它们入睡前，总要派雁奴在夜间巡视，别的大雁才好安心睡觉。

如果有人前来，雁奴就会嘎嘎地叫起来。雁群听到叫声赶紧飞走，免得被人捕获。

有猎人了解到这种情况后，为了抓住大雁，就点起火把照向雁群。当雁奴发出叫声，猎人立刻把火把浸在太湖里熄灭了。雁群惊醒后，一看什么事也没有，便都回去睡觉了。

yàn qún gāng shuì zháo　　liè rén yòu diǎn qǐ le huǒ bǎ　　qún yàn zài cì tīng
雁群刚睡着，猎人又点起了火把。群雁再次听

dào yàn nú de jiào shēng shí　　liè rén yòu bǎ huǒ xī miè le
到雁奴的叫声时，猎人又把火熄灭了。

zhè yàng jīng guò sān sì cì hòu　　qún yàn dōu yǐ wéi shì yàn nú zài hǒng piàn
这样经过三四次后，群雁都以为是雁奴在哄骗

tā men　　biàn yì qǐ chōng guò lái zhuó yàn nú　　zhuó guò zhī hòu　　yòu dōu qù
它们，便一起冲过来啄雁奴。啄过之后，又都去

shuì jiào le
睡觉了。

guò le yí huìr　　liè rén yòu jǔ zhe huǒ bǎ lái dào qún yàn gēn qián
过了一会儿，猎人又举着火把来到群雁跟前，

yàn nú pà qún yàn zhuó tā　　bù gǎn zài jiào le　　zhè shí　　qún yàn shuì de zhèng
雁奴怕群雁啄它，不敢再叫了。这时，群雁睡得正

xiāng　　bèi liè rén yì wǎng dǎ jìn　　zhǐ yǒu yàn nú táo zǒu le
香，被猎人一网打尽，只有雁奴逃走了。

★ yàn nú　　yàn qún zhōng zuì jī mǐn jǐng jué
　雁奴：雁群中最机敏警觉
de yì zhī yàn　　zài yàn qún yè sù shí
的一只雁，在雁群夜宿时
chōng dāng jǐng wèi de jué sè
充当警卫的角色。

# 挖井挖出一个人

任何事都要去仔细了解，才能弄清真相。对于道听途说的传言，要开动脑筋，多问几个为什么。

gǔ shí hou yǒu gè sòng guó gān hàn shǎo yǔ nóng mín zhòng zhuāng jia zhǔ yào
古时候有个宋国，干旱少雨，农民种庄稼，主要
kào jǐng shuǐ jiāo guàn
靠井水浇灌。

yǒu yí hù xìng dīng de rén jia tā jiā méi yǒu shuǐ jǐng zhǐ néng pài rén zhuān
有一户姓丁的人家，他家没有水井，只能派人专
mén cóng hěn yuǎn de hé gōu qǔ shuǐ jiāo dì rì zi yì jiǔ dà jiā dōu hěn lèi
门从很远的河沟取水浇地。日子一久，大家都很累。

yú shì dīng jiā rén jué dìng zì jǐ dǎ yì kǒu shuǐ jǐng zhè kě bú shì yí
于是，丁家人决定自己打一口水井。这可不是一
jiàn róng yì de shì dīng jiā rén qǐ zǎo mō hēi xīn kǔ gàn le shí jǐ tiān zhōng yú
件容易的事。丁家人起早摸黑，辛苦干了十几天终于
bǎ shuǐ jǐng dǎ chéng cóng cǐ yǐ hòu tā men jiā zài yě bú yòng pài rén chū qù yùn
把水井打成。从此以后，他们家再也不用派人出去运
shuǐ le dīng jiā rén féng rén biàn shuō wǒ jiā dǎ le yì kǒu jǐng jiù xiàng duō
水了。丁家人逢人便说："我家打了一口井，就像多
le yí gè rén li
了一个人哩！"

村里的人听了丁家人的话以后，有为他家高兴的，也有人把他们的话胡乱地传了出去，说："丁家在挖井的时候挖出了一个人！"结果，整个宋国都被这耸人听闻的谣言搞得沸沸扬扬，连宋王也被惊动了。宋王想："假如真是挖出来了一个活人，那不是神仙便是妖精。非得打听清楚才行。"

于是，宋王特地派人去丁家查问。丁家人回答说："我家打的那口井给浇地带来了方便。过去总要派一个人外出运水，现在不用了，从此家里多了一个干活的人手，但这个人并不是从井里挖出来的呀。"

# 两个和尚

天下的事，认真去做，再难的事也能做成；不去做，再容易的事都会变得困难。学习也是一样。

古时候，四川的边境有两个和尚，一个是穷和尚，另一个比较富有。

穷和尚对富和尚说："我准备去南海朝拜菩萨，你看怎么样？"富和尚说："从我们这里到南海有千万里之远，你怎样去呢？"穷和尚说："我只要一个水瓶，一个饭钵就够了。"富和尚哈哈大笑着说："我好几年前就打算租条船去南海，现在还没能办到。你靠着一个水瓶和饭钵就想去，也太天真了！"

yì nián hòu　　qióng hé shang cóng nán hǎi huí lái le　　dāng tā xiàng
一年后，穷和尚从南海回来了。当他向

fù hé shang miáo huì nán hǎi de qí yì fēng guāng shí　　fù hé shang yì liǎn
富和尚描绘南海的奇异风光时，富和尚一脸

cán kuì　　yīn wèi tā hái méi zhǎo dào qù nán hǎi de chuán ne
惭愧，因为他还没找到去南海的船呢！

cóng sì chuān dào nán hǎi　　bù zhī dào yǒu jǐ qiān lǐ dì　　fù
从四川到南海，不知道有几千里地，富

hé shang méi néng qù chéng　　qióng hé shang què qù chéng le　　rén men lì
和尚没能去成，穷和尚却去成了。人们立

zhì　　fǎn ér bù rú sì chuān biān jìng de qióng hé shang ma
志，反而不如四川边境的穷和尚吗？

# 看，那里有梅子

在遇到困难时，不要畏惧不前，试着用对成功的渴望来激励自己，就会有足够的勇气去战胜困难，取得成功。

东汉末年，曹操领兵行军。天气很热，太阳火辣辣地挂在空中，一路上石头都被阳光晒得滚烫，让人透不过气来。到了中午，将士们一个个被晒得头昏眼花，大汗淋漓，可是又找不到水喝，有几个体弱的士兵还中暑晕倒在路边。

眼看行军的速度

越来越慢，曹操心里很着急。可眼下几万人马连水都喝不上，又怎么能加快速度呢？他叫来向导，悄悄问："这附近可有水源？"可向导摇摇头说："泉水在山谷的那一边，走过去还有很远。"

曹操看了看前边的树林，沉思了一下，一夹马肚子，赶到队伍前面，用马鞭指着前方说："将士们，前面有一大片梅林，那里的梅子又大又好吃，我们快点赶路，绕过这个山丘就到梅林了！"士兵们一听，想起梅子的酸味，好像已经吃到嘴里一样，口中顿时生出了不少口水，精神一下子振作起来，步伐也不由得加快了许多。

就这样，曹操率领军队终于走到了有水的地方。将士们喝饱泉水，解了大渴。

# 天啊！好大的水

就像井里的青蛙永远见识不到大海的宽广，只在夏天存活的昆虫也没法感受冬天一样，懂得少的人，往往并不认为自己渺小浅薄。而知道多的人，因为眼界开阔，反而更会觉得自己还有很多东西不懂，更能谦虚学习。

秋天到了，接连下起了很多天的大雨。无数河流的水都灌进了黄河，使得黄河水面十分宽阔，水雾蒸腾，这时呀，黄河的水神——河伯就自我陶醉起来，认为自己波澜壮阔，十分了不起。

河伯顺着水势向东前行，到了北海，朝东一看，眼前的景象使他大吃一惊：只见一片辽阔的汪

洋，无边无际，自己根本比不了。

河伯一扫洋洋自得的神情，仰头对一望无际的北海无限感叹说："有的人懂得了一点道理，便以为没人能比得上自己。这批评的正是我这种人啊。我曾听人说，孔子的见闻学识也是有限的，伯夷的德行也没有什么了不起。以前我不信这话，现在我见到了您的广阔无边，才知道这话是真的。我如果不到您这里来，那就糟了。我将永远被道德高尚、学问渊博的人耻笑了。"

# 不龟 手之药
### jūn

同样是能够防止皮肤裂开的药物，在不同人手中发挥不同的作用，得到的结果也千差万别。

古时候有个人，家里有个祖传的秘方，冬天涂在身上，不生冻疮，手上皮肤也不会裂开。这家人就凭着这个秘方，帮人洗衣服挣钱过生活，从来都不会伤手。

有个外地人听说了这事，就找上门来，愿意用一百两银子买这个药方。洗衣服这家人就把全家人召集在一起开会，商量说："我们家世世代代都帮人洗衣服，可也挣不到几两银子。如果卖掉这个秘方，一下子就能赚一百两，我看我们还

shì dā ying ba
是答应吧。"

wài dì rén dé dào mì fāng xīn xǐ ruò kuáng
外地人得到秘方，欣喜若狂，

jiù qù wú wáng nà lǐ yòng mì fāng chéng gōng yóu shuì wú
就去吴王那里用秘方成功游说吴

wáng zuò le hǎi jūn tǒng shuài dāng shí wú yuè liǎng
王，做了海军统帅。当时吴越两

guó dū kào zhe hǎi biān dǎ zhàng zhǔ yào kào xùn liàn
国都靠着海边，打仗主要靠训练

hǎi jūn shuǐ shàng zuò zhàn dào le dōng tiān hé yuè
海军水上作战。到了冬天，和越

guó zuò zhàn wú guó de hǎi jūn tú le tā de
国作战，吴国的海军涂了他的

yào bú pà lěng bù shēng
药，不怕冷，不生

dòng chuāng dà bài yuè guó
冻疮，大败越国。

wú wáng dé zhī hòu shí fēn
吴王得知后十分

gāo xìng fēn gěi zhè gè wài
高兴，分给这个外

dì rén tǔ dì hái fēng tā wéi
地人土地，还封他为

zhū hóu
诸侯。

jūn zhè lǐ de jūn zì dú zuò
★ 龟：这里的"龟"字读作：jūn，

tóng jūn zhǐ pí fū shòu dòng kāi liè
同"皲"，指皮肤受冻开裂。

# 严圆眼和圆眼严

严圆眼和圆眼严都很会说绕口令，可是一点也不谦虚，最后却发现人外有人，天外有天。

严圆眼和圆眼严都喜欢说绕口令，他们一个住在山前，一个住在山后。有一天，两人在山上相遇，便互相吹嘘自己说绕口令的本事，为了分出胜负，决定在树下比赛。

圆眼严先说："四十里外的石狮寺，有四十四只石狮子。"严圆眼跟着念了一遍，说："这个太简单了，我说个难的：'吃葡萄不吐葡萄皮，不吃葡萄倒吐葡萄皮。'"圆眼严没说清楚，

他瞪大眼睛说："哪有人吃葡萄不吐皮？不如你跟我一起念：'和尚端汤上塔，塔滑汤洒汤烫塔。'"

圆眼严说得快，严圆眼不服气地说："你说得才没道理，和尚没事端汤上塔做什么？"

正当两人吵得不可开交的时候，原本坐在一旁休息的老伯笑着说："你们听我念：'山前有个严圆眼，山后有个圆眼严，两人上山来比眼，不知是严圆眼的眼圆？还是圆眼严的眼圆？'"

两个人听完，都不好意思地说："比来比去，还是老伯伯最厉害！"

# 偷鸭求骂

偷东西是极不道德的事。偷鸭的白老大更不能让人原谅的是，自己做了错事不说，还诬陷他人，而只有恰当的惩罚，才能让他们醒悟、弃恶从善。

县城西白家庄有一个喜欢占便宜的人，叫白老大。这一天，他偷了邻居的一只鸭子煮着吃了，鸭子的味道很鲜美，他也没有被发现，不禁沾沾自喜。可是，到了夜里，白老大突然觉得全身皮肤发痒，天亮后一看，身上竟然长满了一层细细的鸭茸毛，一碰就疼。怎么回事啊？白老大非常害怕，可他又不知道该怎么办。

第二天夜里，白老大梦见一个人对他说："你的病是上天对你偷鸭子的惩罚，必须得让鸭主人痛骂一顿，这鸭毛才能脱落。"然而，被偷鸭子的邻居老翁平素善良，心胸宽阔，丢了东西也从来没流露出不高兴的样子。这下可苦了白老大，一天、两天……好几天过去了，可还是没有等到骂声，身上的鸭毛却越长越长，疼痛难忍。

怎么办？奸滑的白老大计上心来。他对老翁撒谎说："鸭子是村里一个人偷的，他其实很胆小，你应该痛骂他一顿。"可老翁却笑道："谁有那么多闲工夫生闲气，去骂这种品行恶劣的人。"还是不肯骂人。

这下更让白老大发愁了，可也不能一直长着一身鸭毛啊！他只好把实情告诉了老翁，恳请他痛骂自己一顿。老翁这才肯骂，白老大身上的鸭毛也果然退了。

# 客套误事

生活中做事要注意张弛有度，该急则急，该缓慢则缓慢，这样才能把事情做好。

于生是个读书人，做什么事都很慢。

一年冬天，于生和朋友围炉而坐，伏案读书。

过了一会儿，朋友的衣裳拖到炉子上，被火烤着了。

于生从容地站起来，向朋友拱了拱手说：

"有件事想告诉你，但想到你天性急躁，告诉你吧，怕你发怒；不告诉你吧，又是对朋友不忠诚。请你大度一些，不要发怒，我才敢说。"

朋友被于生说得莫名其妙，不知道有什么事，便说道：

yǒu shén me shì nín jiù shuō ba　　wǒ yí dìng xū xīn tīng nín de yì jiàn
“有什么事您就说吧，我一定虚心听您的意见。”

yú shēng yòu xiàng gāng cái nà yàng què rèn le liǎng sān cì　　zuì hòu cái yóu yù
于生又像刚才那样确认了两三次，最后才犹豫

bù jué de shuō
不决地说：

xiàn zài　　lú huǒ zhèng shāo zhe nǐ de yī shang ne
“现在，炉火正烧着你的衣裳呢。”

péng you zhàn qǐ lái yí kàn　　yī shang yǐ jīng shāo de hěn lì hai le　　bù
朋友站起来一看，衣裳已经烧得很厉害了，不

yóu de biàn le liǎn sè　　nù qì chōng chōng de shuō
由得变了脸色，怒气冲冲地说：

nǐ wèi shén me bù zǎo gào su wǒ　　fǎn ér zhè yàng màn tūn tūn de
“你为什么不早告诉我，反而这样慢吞吞的？”

yú shēng bù jǐn bú màn de shuō dào
于生不紧不慢地说道：

zěn me yàng　　rén men dōu shuō nǐ xìng zi
“怎么样？人们都说你性子

jí zào　　guǒ rán rú cǐ ba
急躁，果然如此吧！”

# 珍贵的古琴

任何一样东西，看它是否真有价值，都要从实际出发，去辨别分析。如果脱离实际，盲目崇信，那就有可能像这些宫廷的乐师一样，闹出愚蠢的笑话。

古时候，有一个很有名的音乐家叫工之侨，他不但善于弹琴，而且做出的琴，也是人人称赞。

有一次，工之侨得到了一段绝佳的梧桐木，他将木头削制成一张琴，用这张琴弹奏出的音乐就像金钟玉磬的声音一般悦耳动听。工之侨自以为这是天下最好的琴了，就拿去献给了朝廷。

朝廷请宫中最高明的乐师来鉴定这张琴。乐师看了看，说："这不是古琴，年代还不久远，不

值什么钱！"就把琴退给
了工之侨。

工之侨把琴拿回家以后，很是
不服气。

于是，他请漆工在琴上画了一些断断续续
的花纹，又让雕工在琴上镂刻了一些难辨的古
字。然后用匣子装着，埋进土里。

过了一年，工之侨挖出了匣子，把琴抱到
市集上去卖，一个大官看到了这张琴，立即出
一百两金子买了去，献到朝廷上。

宫里的乐师一个一个争
相传看，都说："这真是世
上绝无仅有的珍宝啊！"

当一个个月光明亮的夜晚，那些或者质朴、或者奇幻的民间故事，从老祖母温暖而优雅的语调中缓慢流淌出来，语浅情长，便成为孩子童年里最爱而难舍的记忆。

（本章绘图：烟花、羽狐、狼孩儿、墩墩、胡晓蕊）

# 民间故事

## 陌上桑与采莲去

# 马头琴声响四方

很久以前，在金色的阿拉腾敖拉山脚，有一个银色的月亮湖。湖畔住着一个勤劳勇敢的小牧民，名字叫苏和。这天，在月亮湖的北边，苏和发现了一匹迷路的白色小马驹，马妈妈也不知跑到哪儿去了。

苏和把小马驹带回了家，精心地喂养、调驯，教它练走、练跑。很快，小马驹就长成了一匹膘肥体壮、跑起来四蹄生风、快得能追得上梅花鹿的骏马。苏和也和它成了形影不离的伙伴。

zhè yì nián　cǎo yuán shàng yào jǔ xíng　　nà dá mù
这一年，草原上要举行"那达慕"★

dà huì　　gè xiàng bǐ sài de yōu shèng zhě dōu jiāng dé dào fēng hòu de
大会，各项比赛的优胜者都将得到丰厚的

jiǎng shǎng　sū hé yě xìng gāo cǎi liè de qù cān jiā bǐ sài le
奖赏。苏和也兴高采烈地去参加比赛了。

bǐ sài nà tiān　　hǎo duō shēn qiáng lì zhuàng de xiǎo huǒ zi qí
比赛那天，好多身强力壮的小伙子骑

zhe zōng sè de　　hēi sè de　　huáng sè de mǎ zài cǎo yuán shàng bēn
着棕色的、黑色的、黄色的马在草原上奔

pǎo　　kě shuí yě méi yǒu sū hé de xiǎo bái mǎ pǎo de kuài　　xiǎo bái
跑，可谁也没有苏和的小白马跑得快。小白

mǎ xiàng yí dào shǎn diàn　　yí huìr　jiù dào le mù dì dì
马像一道闪电，一会儿就到了目的地。

nà dá mù　　　　nà dá mù　　dà huì shì měng gǔ zú
★ 那达慕："那达慕"大会是蒙古族

lì shǐ yōu jiǔ de chuán tǒng jié rì
历史悠久的传统节日。

可是，王爷看上了苏和的白马。他见骑手是

个清贫的小伙子，就蛮横地说："给你三个银

元，把小白马给我留下吧！"苏和气愤地说：

"我是来比赛的，并不是来卖马的！"可王爷

并不这样想，他命令手下的人抢走了小白马。

谁知王爷刚骑上白马就被摔了下来，小白

马挣脱缰绳飞奔而去。恼羞成怒的王爷

立刻命武士们抓捕小白马，甚至用

毒箭射杀。不幸中箭的小白马依然

跑得飞快，直到回到月亮湖

边的蒙古包前才死去。

白马死了，苏和就像失去了亲人一样难过，茶不思，饭不想。这一晚，他梦见小白马对他说："小主人，你用我的筋骨做一把琴，我就能永远和你在一起了。"

苏和醒来后，就按小白马说的做了一把琴，又在琴杆上端照着小白马的模样雕刻了一个马头，并起名叫"马头琴"。每当想念小白马时，苏和就会拉起马头琴，那琴声响彻云霄，好似万马奔腾。

蒙古族是我国重要的少数民族之一。蒙古族同胞大多生活在北方的草原地区，主要以放牧为生。马头琴，是他们最喜欢的乐器。

# 青稞种子的来历

很久以前，西藏有个叫布拉国的地方，那里什么农作物都没有，人们吃的是牛羊肉，喝的是牛羊奶，除此以外再也没有其他食物了。

布拉国的王子阿初，勇敢又聪明。他听说远方的蛇王那里有种叫青稞的植物，又香又好吃，就决定去讨来种子，让人民都能吃上粮食。可蛇王既凶狠又吝啬，他把青稞种子藏在宝座下，谁去要都会被他变成狗吃掉。

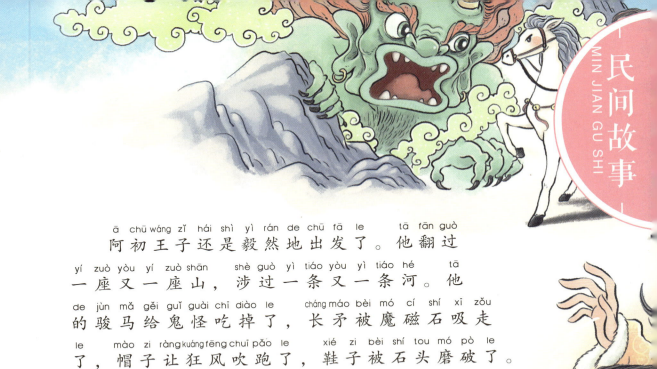

阿初王子还是毅然地出发了。他翻过一座又一座山，涉过一条又一条河。他的骏马给鬼怪吃掉了，长矛被魔磁石吸走了，帽子让狂风吹跑了，鞋子被石头磨破了。他整整走了三年，终于来到了蛇王的住处。

蛇王果然没答应阿初的要求。没办法，阿初只好请山神帮忙，从蛇王那里偷到了青稞种子，可是，没多久就被发现了。

"凡偷我粮食的，都要成为我的口粮。"蛇王咆哮着，伸出双掌，霹雳从他掌心射出。阿初被变成了一条黄狗。

变成黄狗的阿初撒腿狂奔，他仿佛长了翅膀，远远逃离了蛇王洞。在东方开满格桑花的土坡，阿初遇上了美丽的公主俄满。

俄满取下阿初脖子上的袋子，打开一看，不禁惊叹道："啊，你是天神的灵犬吗？带来了有生命的种子。"

他们在土坡开了一块田，阿初刨坑，俄满撒种子。春风一吹，春雨一洒，青稞发了芽；在秋天的阳光下，一颗颗饱满的青稞，呈现出黄金的颜色。

收获时，黄狗突然开口道："俄满，你愿与我结婚吗？"

"不，我不能跟狗结婚。"

"我中了蛇王的魔法，必须有一位公主愿意嫁给我，魔法才能解

除。如果你不愿意，我就要回我的布拉国了。"

黄狗给俄满留下一袋青稞，然后它驮起另外两袋，向东方跑去。它一边跑，一边播撒青稞种子，就这样一路跑回到布拉国。

黄狗走过的地方慢慢长出青稞苗，青稞苗渐渐抽穗，结出新的青稞种子。

从此，在布拉国的广阔原野，便有了青稞。人们看到黄狗播撒青稞种子，以为粮食是神犬从天国带下来的，所以每每用青稞做好糌粑，总要扔一团让狗先尝。

这个仪式渐渐成了习俗，直到现在还保留着。

青稞，是藏族同胞的主要粮食，也是制作藏族美食糌粑的主要原料。它在青藏高原上的种植历史已经超过了3500年。

# 一幅壮锦

在美丽的壮乡，住着一位灵巧的老妈妈。她靠织壮锦卖钱维持一家人的生活。

一天，老妈妈在集市上看到一幅画，她决心把画上那美丽的村庄织成一幅壮锦。老妈妈不分昼夜地织锦，松油灯把眼睛都熏坏了。眼泪淌到了锦上，她就在上面织成小河和池塘；鲜血滴在了锦上，她就在上面织成太阳。一连织了三年，美丽的壮锦终于织成了。

忽然，一阵风把壮锦卷上了天，一转眼就不见了。

老妈妈连忙着急地让大儿子去追壮锦。

大儿子走了一个月，来到一个大山口，那里有一座石头房子，门口坐着一位老奶奶，旁边有一匹石马。

老奶奶说："是东方太阳山的仙女把你妈妈的壮锦借去了。你要去找，先要打落两颗牙齿，放在石马嘴里，等石马吃到第十颗杨梅果时，你就跨上马背，然后经过火山和大海，才能到达太阳山。如果不能坚持，就会丧命。我劝你还是别去了，给你一盒金子，回家去吧。"

大儿子害怕了，拿了金子，跑到大城市享乐去了。

老妈妈病倒在床上，不见大儿子回来，又让二儿子去找。可二儿子同样拿了老奶奶的金子享乐去了。

老妈妈病得骨瘦如柴，眼睛也哭瞎了。小儿子勒惹决心去把壮锦找回来。

他来到大山口，照着老奶奶的话做，骑着石马翻过了烈焰熊熊的火山，渡过了漂浮着冰块的大海，终于到达了太阳山。

仙女们正在织锦，勒惹看见妈妈的那幅壮锦就摆在中央。仙女们答应织完后马上归还壮锦。

壮锦失而复得，勒惹收好壮锦往家里赶。他没有想到，一位红衣仙女因为喜欢壮锦中的美景，把自己的像也织到了上面。

勒惹回到家里，妈妈已经奄奄一息了。他赶紧拿出壮锦，那耀眼的光彩把妈妈的眼睛都照亮了。

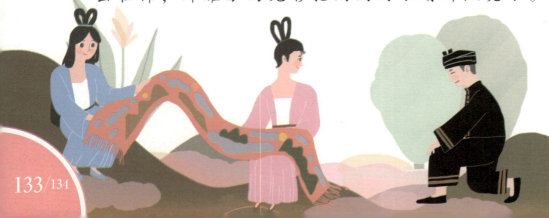

yí zhèn xiāng fēng chuī lái　　mǎo cǎo wū bú jiàn le　　yǎn qián shì hé
一阵香风吹来，茅草屋不见了，眼前是和

zhuàng jǐn shàng yì mú yí yàng de piàoliangfáng zi　　měi lì tián yuán
壮锦上一模一样的漂亮房子、美丽田园。

huā yuán lǐ yǒu gè hóng yī gū niang zhèng zài kàn huā　　yuán lái tā jiù shì nà
花园里有个红衣姑娘正在看花，原来她就是那

gè hóng yī xiān nǚ
个红衣仙女。

lè rě hé měi lì de xiān nǚ jié le hūn　　cóng cǐ hé mā ma yì qǐ guò zhe
勒惹和美丽的仙女结了婚，从此和妈妈一起过着

xìng fú de shēng huó
幸福的生活。

dà ér zi hé èr ér zi yòng wán le lǎo nǎi nai gěi de jīn zi　　biàn chéng
大儿子和二儿子用完了老奶奶给的金子，变成

le liǎng gè jiào huā zi　　tā men méi liǎn qù jiàn mā ma hé dì di　　zhǐ dé dào
了两个叫花子。他们没脸去见妈妈和弟弟，只得到

chù qù qǐ tǎo
处去乞讨。

　　壮族，是我国人数最多的少数民族。壮族人能歌善唱又心灵手巧，壮锦是壮族同胞的传统手工艺品，也是我国四大名锦之一。

# 婻粽布智斗魔王

很久以前，在傣族人生活的地方有一个凶恶的魔王，他身有魔法，落在水里漂不走，掉进火里烧不化，刀砍不烂，枪刺不入，弓箭射不着。那时，天有16层，魔王就成了其中一层的霸主。他整天横行霸道，无恶不作。

魔王已经娶了6个美丽的妻子，但哪一家若有美丽的女儿，他都要霸占为妻。有一次，他看到人间一个名叫婻粽布的公主，长得比他的6个妻子都漂亮，于是，他又把她抢来，做了第7个妻子。

这一天，魔王在宫中饮酒作乐，很快就喝得醉醺醺的。蝻粽布乘机对魔王称颂道："我尊贵的大王，您法力无边，德行高尚，完全可以征服天堂、地狱、人间，您应该做三界的主人。"

魔王听了洋洋得意，沉思了一会儿，对蝻粽布说："我的确能征服三界，我的弱点谁也不知道。"

蝻粽布接着问："大王怎么会有弱点？"魔王小声说："我就怕我的头发勒住我的脖子，这会使我身首分家。"

蝻粽布假装惊讶地追问："能够征服三界的大王，怎么会怕头发丝？"魔王又小声地说："头发丝虽然小，但我的头发丝却会勒断我的脖子，那样我就活不成了。"

嫩粽布听了以后暗暗打定主意。她继续为魔王斟酒，直到酒席散尽，又扶魔王上床睡熟。

这时，她小心地拔下魔王的一根头发，未等魔王惊醒就勒到了他的脖子上。魔王的头立刻就掉到地上，头上滴下的血，每一滴都变成了一团火，熊熊燃烧，迅速往人间蔓延。嫩粽布赶忙把魔王的头抱起来，大地上的火焰也就熄灭了，可头一放下，火又烧起来了。这时，其他六位被强夺回来的王妻也都赶来了，她们轮流抱着魔王的头，每人一天，这样火才不再烧起来。

tiān shàng yì tiān　děng yú dì shàng yì nián　měi nián wáng
天上一天，等于地上一年，每年王

qī men lún huàn de rì zi　shì zài qīng míng jié hòu de dì qī tiān
妻们轮换的日子，是在清明节后的第七天。

dǎi zú rén mín huái zhe duì nàn zòng bù yǔ qí tā liù wèi wáng qī jìng pèi de xīn
傣族人民怀着对婻粽布与其他六位王妻敬佩的心

qíng　huì zài zhè yì tiān xiāng hù pō shuǐ　yòng jié jìng de shuǐ xǐ qù shēn
情，会在这一天相互泼水，用洁净的水洗去身

shàng de wū gòu　zuò wéi yì zhǒng jí xiáng de zhù fú　dǎi zú de pō shuǐ jié
上的污垢，作为一种吉祥的祝福。傣族的泼水节

jiù zhè yàng liú chuán xià lái le
就这样流传下来了。

泼水节是傣族同胞的新年，一般从 4 月 13 日开始。节日期间，大家
用清水相互泼洒，祈求洗去过去一年的不顺，祝愿新一年的平安。

# 侗乡的歌声飘满坡

从前，侗乡的蒙冲界是一个山深林密，野兽出没的地方，只闻鸟叫，不见人迹。不知从哪天起，有母女二人搬到了这里，烧山开荒，住了下来。

女儿妹红很会唱歌。她在早上唱，百鸟都聚集在她的头顶不散去；她在晚上唱，野兽都围在她的身边听。

妹红每天唱着歌，忽然有一天，对面的山上也响起了歌声。唱歌有了歌伴，妹红又惊又喜，便和对面山上对起歌来。

虽然每天对歌，但山高岩陡，无法见面，妹红却不知道对方是一个什么样的人。

妹红长到20岁时，母亲去世了，只剩下她一个人孤单地生活。妹红每天都唱着忧伤的歌，也无心对歌了。对面山上的人不知道发生了什么事，他唱出安慰的歌，也不见妹红对答，就急了。他见悬崖上长着一棵老树，树上吊着一根长藤，便手攀长藤，荡过山来。

妹红在山这边，忽然看见半空中荡过一个人来，荡呀荡，他总是无法荡到这边。妹红被这个人的勇敢怔住了，灵机一动，见这边山也长着古藤，便马上手攀长藤去接。他俩在半空中相会，把长藤连接成一座藤桥，把对面山的这个人接过桥来了。

　　原来，对面山上的唱歌人，是一个和妹红年纪相仿的青年。他俩相会后才知道，妹红是因为逃避土司王的逼婚，和母亲在山上隐居的。而那青年叫阿独，是一个孤儿，只因为给土司家放牛，牛被老虎吃掉了，无法回家，逃上山来的。

　　他俩同命相连，很快互相怜爱，成了相依为命的伴侣，每天无忧无虑地唱着欢乐的歌。

　　"山上的树木多，哪有侗家的歌儿多"。侗族是生活在我国西南地区的少数民族之一。他们能歌善舞，有"对歌"的习俗。

但是，好景不长，土司王为了修建宫殿，派人到处去寻找最好的木材，终于找到蒙冲界上来了，他们也发现了妹红和阿独两人，立刻要抓捕他们俩。

妹红两人躲进了悬崖下的岩洞，可他们不屈服，继续唱着欢快的歌。土司王恼羞成怒，又带人接二连三地搜山，再次发现了他俩藏身的岩洞。土司王命人往下丢柴草，柴草填平到洞口，再丢火把下去烧。妹红二人无路可逃，在岩洞里被浓烟熏死了。

从此以后，侗族的男女老少都喜欢到蒙冲界去唱歌，以纪念妹红和阿独两人。慢慢就形成了"三月歌会"，一直流传到现在。

# 长白山上的
# 日月峰

在高高的长白山上，有一座石峰，叫日月峰。石峰远看就像一个作揖拱手的姑娘，面朝东方，做出祈祷的样子，可仔细一看，她却没有眼睛。

她在祈祷什么呢？她的眼睛又去哪了呢？

原来，在远古的时候，世界上没有日月星辰，也没有花草树木，大地上一片冰冷漆黑，死气沉沉。

yǒu yì tiān，tiān dì zuì xiǎo de nǚ ér，duì tiān dì shuō：fù
有一天，天帝最小的女儿，对天帝说："父

huáng，dà dì tài hēi àn、tài bīng lěng le，yìng gāi ràng tā míng liàng nuǎn
皇，大地太黑暗、太冰冷了，应该让它明亮暖

huo qǐ lái
和起来！"

tiān dì yáo le yáo tóu，méi yǒu shuō shén me
天帝摇了摇头，没有说什么。

xiǎo xiān nǚ tōu tōu de lí kāi le tiān tíng，jià zhe xiáng yún，lái dào
小仙女偷偷地离开了天庭，驾着祥云，来到

le cháng bái shān shàng
了长白山上。

duō hǎo de gāo shān a，kě shì chú le guāng tū tū de shí tou，
多好的高山啊，可是除了光秃秃的石头，

shén me yě méi yǒu。méi yǒu shù mù huā cǎo，méi yǒu fēi qín zǒu
什么也没有。没有树木花草，没有飞禽走

shòu……duō me kě xī a
兽……多么可惜啊！

xiǎo xiān nǚ zài gāo shān shàng xún yóu zhe，tā jué xīn yào
小仙女在高山上巡游着，她决心要

ràng dà de liàng táng qǐ lái，nuǎn huo qǐ lái，ràng tā chōng
让大地亮堂起来，暖和起来，让它充

mǎn shēng qì。xiǎo xiān nǚ bù zhī zhuàn le duō jiǔ，yě
满生气。小仙女不知转了多久，也

bù zhī huā fèi le duō shǎo nǎo jīn，què méi yǒu xiǎng chū
不知花费了多少脑筋，却没有想出

gè hǎo fǎ zi lái
个好法子来。

xiǎo xiān nǚ hěn juè jiàng　　tā jué xīn bú gù yí qiè　　bǎ hēi àn
小仙女很倔强，她决心不顾一切，把黑暗、

bīng lěng　háo wú shēng qì de dà dì gǎi biàn guò lái　　bù zhī dào yòu guò
冰冷、毫无生气的大地改变过来。不知道又过

le duō cháng shí jiān　　zuì hòu tā zhōng yú cóng zì jǐ de shēn shàng zhǎo chū le
了多长时间，最后她终于从自己的身上找出了

bàn fǎ　　tā fā xiàn zì jǐ de yǎn jing shí fēn míng liàng　　shǎn shǎn fā guāng
办法：她发现自己的眼睛十分明亮，闪闪发光，

bó zi shàng guà zhe de nà chuàn yù zhū yě xiàng jīn xīng yì bān míng liàng
脖子上挂着的那串玉珠也像金星一般明亮。

xiǎo xiān nǚ sī kǎo le xǔ jiǔ　　tā hěn le hěn xīn　　yǎo pò zuǐ
小仙女思考了许久，她狠了狠心，咬破嘴

chún　 kē suì yá chǐ　　rěn tòng jiāng zuǒ yǎn pāo xiàng gāo gāo de tiān kōng
唇，磕碎牙齿，忍痛将左眼抛向高高的天空，

tiān shàng lì kè chū xiàn le míng liàng de tài yáng
天上立刻出现了明亮的太阳。

kě shì tài yáng zài tiān shàng zǒu le bàn
可是太阳在天上走了半

quān　　màn màn piān xī le　　dà dì yòu hēi
圈，慢慢偏西了，大地又黑

le　　zhè shí　　xiǎo xiān nǚ yòu rěn tòng
了。这时，小仙女又忍痛

jiāng yòu yǎn pāo xiàng tiān kōng　　tiān shàng lì
将右眼抛向天空，天上立

刻又有了月亮。那月光并不太亮，小仙女又把脖子上的玉珠抛上了天，变成了满天星星。

大地上亮堂多了，也渐渐有了生机。可是小仙女失去了眼睛，一动也不动了；失去了玉珠，她也无法腾云驾雾飞回天庭了。

最后，小仙女变成了一座石峰。但是她仍然保持着一个美丽善良的少女模样，面对着东方，整天祈祷着。

太阳和月亮轮番出来照亮大地。大地亮堂了，也暖和了，变得生机勃勃。

这就是日月峰，它被满族的祖先推崇为神峰。

满族是我国重要的少数民族之一，主要生活在东北地区。长白山是满族同胞的故乡，被他们视为发祥地和圣山。

# 牧羊人与天鹅女

很早以前，有一个勤劳的牧羊人独自生活在草原上。他每天清晨赶羊儿出去吃那带露水的草尖，夜晚，再把羊儿赶进棚圈。

一天夜里，牧羊人做了个美丽的梦。梦里，飞来了一只白天鹅，牧羊人伸手想去抚摸天鹅，结果摸空了，惊醒一看，原来是个梦，哪里有天鹅的影子。

清晨起来，牧羊人又赶着羊群出门了。他默默地坐在地上，弹着心爱的东布拉★，回忆着夜晚的梦。忽然天上真的飞来了一只白天鹅，轻轻地落在了他面前，伴随着悠扬的东布拉琴声，翩翩起舞。

★ 东布拉：哈萨克族人喜爱的乐器。

正在这时，草原上突然起了狂风，黄沙漫漫，刮得昏天黑地。牧羊人一看起了风暴，急忙呼唤羊儿，可是羊群已经跑得无影无踪，急得牧羊人整整找了一夜，也没见到一只羊儿。

天亮了，风也渐渐小了，草原上盖满了黄沙。牧羊人急匆匆地上路去寻找羊群。眼看到了中午，太阳烤得戈壁滩仿佛在冒火。牧羊人又困又饿又热又累，两条腿连一步也迈不动了，眼前直冒金花。

恍惚中，牧羊人仿佛看见一只白天鹅盘旋而下，几乎碰到了他的头，翅膀一拍扇来一阵凉风，使得他精神一振。

牧羊人想天鹅去的地方一定有湖水，只要跟着天鹅走就会找到水喝。他打起精神随着白天鹅慢慢走去，天鹅也像懂得似的慢慢地飞，还不时地回头张望。牧羊人强挺着走了一段路，眼前一黑，又昏倒了。这次他实在起不来了，嘴唇干裂，鼻中只有出气没有进气了。

没多久，牧羊人突然觉得一阵凉风吹来，干裂的嘴唇上仿佛滴上了甘露，变得清爽湿润了。他慢慢地睁开眼，只见白天鹅衔了一根柳条，顺着柳条不断往下滴水，正好落在自己嘴上。牧羊人眨了眨眼，动了动手，呵，这是真的，不是梦。牧羊人站起身来了，天鹅又开始慢慢地朝前飞，还时不时地回头张望。

走着走着，牧羊人看到了树，看到了花，听到了拍岸的浪花声，终于来到了洁净的湖边。

呵！那湖边的羊群不正是要找的羊儿吗？

牧羊人喝完清凉的湖水，靠在大树边，一声呼哨，羊儿"咩咩"地来到他的身边。

这时，只见那只在湖中漫游的白天鹅，一声鸣叫，游到湖边的草丛中脱掉了羽衣，变成了一个美丽的姑娘。姑娘走出草丛，来到大树旁和牧羊人说着甜蜜的话儿，跳着优美的舞蹈，唱着动人的歌儿。从此，两个人一起过着幸福的生活，他们生儿育女，他们的后代就叫哈萨克。

哈萨克族是我国的少数民族之一，主要生活在新疆、甘肃等地区。哈萨克人相信他们是白天鹅的后裔，"哈萨克"便是白天鹅的意思。

# 古兰姆巧织地毯

相传，在欢腾的玉龙喀什河边的村子里，住着善良的库尔班老汉和他美丽勤劳的女儿古兰姆。父女俩以务农为生，库尔班空闲时擀毡，女儿采桑养蚕，捻毛织缂，父女俩乐善好施，时常帮助贫苦人家。人们都称赞古兰姆的容貌赛过羊脂美玉，心地和水晶一样美丽。

这年，国王修建了一座新宫殿，为了装饰它，他下令全国的人民都要贡献出最好的花毡、花毯。国王还不满足，又召集所有的工匠，限令在一个月内每人织出一块从未见过的花毯奉献，否则就终生囚禁。

接到通知的库尔班老汉回到家，忧心重重，唉声叹气。孝顺的女儿古兰姆决心为父亲分忧解愁。她凭自己丰富的想象力和一双灵巧的手，将毛捻成线，染成红、绿、棕、黑等色并学着织毯。但因技艺不精，尽管白天织，晚上赶，还是织不出满意的毯子。

古兰姆每天不停地织，天神被她的精神感动了，决定帮助她。这天，天神变幻成老人，骑着骏马，马上披着一块五光十色的花毯，从昆仑云端来到古兰姆家门前。恰好古兰姆到河边提水，老人故意跌下马鞍，倒在河边。古兰姆赶忙将老人搀扶到家里，由父亲作陪，给老人沏了茶，端来杏干、沙枣、核桃仁，热情款待老人。

老人仔细观察古兰姆织花毯。聪明的古兰姆看出老人不是一般人，就恳求他多加指点。老人将织毯工序详细地讲给古兰姆听。讲完，老人跨上骏马，转眼不见了。聪明的古兰姆恍然大悟，这是天神下凡来向她传艺啊！

古兰姆按照老人的指点，重新蹬机织毯，终于织成了一块图案别致、花团锦簇的地毯，奉献给了国王。国王大为欢喜，下令赏赐库尔班。库尔班求国王免除玉龙喀什河畔村民三年赋税，国王答应了。

同时，古兰姆把织毯技术传授给村里的人。从此，大家既能织花毯谋生，又为生活增添美和乐趣。

大家为了纪念古兰姆，就把地毯定名为古兰姆。

新疆地毯，已经有两千多年的历史了。人们剪下羊毛，纺织成彩色毛线，织成各式各样的地毯、挂毯，既是生活用品，又是美丽的装饰品。

# 阿里山上的姐妹潭

很久很久以前，在宝岛台湾的阿里山大森林里，散居着四十八个村社。

其中有个酋长★，他的大女儿名叫阿娃娜，小女儿叫阿娃嘉。姐妹俩长得十分俊俏，社民们都称她们为阿里山公主。

住在阿里山的另一个酋长，他生有一个儿子，名叫莫古鲁。莫古鲁生性残暴，经常外出抢掠其他村社的牲口财物。因此，大家都叫他"阿里山之熊"。

有一次，莫古鲁外出打猎，看见几个姑娘正在唱歌跳舞，他就朝她们走过去。大家看到莫古鲁过来，吓得纷纷逃跑了，只有阿娃娜和阿娃嘉两人没

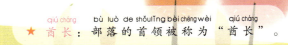

★ 首长：部落的首领被称为"酋长"。

有逃。她们对莫古鲁说："请你赶快走开！不要在这里打扰我们跳舞！"

莫古鲁立刻拉下脸说："你们是谁？竟敢要我走！难道你们不知道我是'阿里山之熊'吗？"

阿娃娜、阿娃嘉不再理睬他，就一起回家了。

莫古鲁看着两人的背影，自言自语道："等着，看我的厉害吧。"

过了几天，莫古鲁派人找到阿娃娜家对她父亲说："我们要用一百个人头来祭山神祈福，你们社要献出五十个来。不然，山神就会用天火烧掉你们的房屋，还把男女老幼杀光。"

这个消息惊动了全社的社民，大家都十分害怕。阿娃娜和阿娃嘉两人又气又恨，她们知道这是莫古鲁的坏主意。为了挽救社民，她俩一块到森林里祷告："天神啊！求求你保护我们善良的社民吧。我们姐妹两人，甘愿牺牲自己的生命。"

她们的祈求感动了天神。天神把她俩的泪水，变成了两口很大的水潭，挡住了莫古鲁进攻村社的道路。

过了不久，莫古鲁带着几个凶恶的社丁持枪执箭，杀气腾腾地走来。快要到阿娃娜村社时，被两口大水潭挡住了去路。

阿娃娜和阿娃嘉姐妹俩站在水潭之中，对莫古鲁说："你假借山神的名义做尽了坏事。现在你又要来杀害我们的社民，天神一定会惩罚你的！"

莫古鲁气急败坏，立即令社丁游水过去捉阿娃娜姐妹。

dāng shè dīng men yóu dào shuǐ tán zhōng yāng shí　tiān hū rán àn le xià
当社丁们游到水潭中央时，天忽然暗了下

lái　jiē zhe diàn guāng shǎn shǎn　léi shēng lóng lóng　tán zhōng xiān qǐ jù làng
来，接着电光闪闪，雷声隆隆，潭中掀起巨浪，

xiōng yǒng ér lái　shè dīng kàn dào shuǐ shì yuè lái yuè dà　gǎn kuài wǎng huí
汹涌而来。社丁看到水势越来越大，赶快往回

yóu　kě yǐ jīng lái bu jí le　mò gǔ lǔ zhàn zài àn biān　shà shí jiān
游，可已经来不及了，莫古鲁站在岸边，霎时间

yě bèi jù làng juǎn jìn shuǐ lǐ qù le
也被巨浪卷进水里去了。

hòu lái　zhù zài ā lǐ shān de rén men　wèi le jì niàn zhè liǎng wèi
后来，住在阿里山的人们，为了纪念这两位

jiě mèi　jiù bǎ zhè liǎng gè xiāng lián de shuǐ tán jiào zuò　jiě mèi tán
姐妹，就把这两个相连的水潭叫做"姐妹潭"。

阿里山位于我国宝岛台湾，以日出、云海、晚霞、森林与高山铁路，合称"阿里山五奇"。高山族是生活在台湾的少数民族同胞的统称。

# 土家寨开出金银花

金哥是土家山寨里最英俊勇敢的小伙子，银妹是寨子里最漂亮能干的姑娘。金哥打猎，悬崖峭壁也能上去；银妹绣的花手帕，蜜蜂也会围着飞个不停。

金哥和银妹是天生的一对，地配的一双。爹妈盘算着：等到秋收，吃新稻米饭、酿新苞谷酒的时候，就热热闹闹地给他们办喜事。

寨子里的人们，都为这一对青年人高兴，都等着秋收了去喝杯喜酒哩。哪知道，还在水稻插秧、苞谷抽叶

的时候，一场灾祸，降临到寨子里。

寨子里发生了可怕的瘟疫，大人小孩全都病倒了，老老少少的人只能活活等死。只有金哥和银妹没有病，他们商量，一定要治好大家。他们问年纪大的老人："到哪里能采到治瘟疫的草药？"

老人说："从清江往南走五百里，有座百药岭，在五百丈高的地方，住着个仙翁，你们去求求他吧！"

听了老人的话，金哥和银妹出发了，他们渡过大河，穿过森林，走了几天几夜，来到了百药岭。

百药岭真是个好地方啊！各种药草长得茂盛，各样花儿开得鲜红。突然，花丛中走出来一个白发老翁，老翁递给金哥一粒黄色的种子，递给银妹一粒白色的种子，说："你们拿这两粒种子，回去用水一泡就

会发芽开花，用这花儿泡水给爹娘喝，瘟病就会好！"

金哥银妹着急地问："那寨子里的人怎么办呢？"

老翁为难地说："要救寨子里的人，除非你俩把那两粒种子吞掉，自己化成花儿。"

金哥和银妹接过那两粒种子，赶回寨子。金哥说："银妹啊！你留在世上照看爹娘吧！让我化成花儿来救活寨子里的人们！"银妹却希望金哥留下来。

他们谁也不愿独自留下来，都把种子吞下肚里去了。

金哥倒在地上，变成一株碧绿的藤子，上面开着一簇一簇的金黄色小花。银妹倒在地上，变成了一株碧绿的藤子，上面开满一簇一簇洁白的小花。

这两株花紧紧依偎在一起。它们不断地长啊长啊，青藤缠绕到家家户户的竹楼上，香气溢满整个寨子。

金哥的阿爹阿妈闻到这香气，病立刻好了。

银妹的阿爹阿妈闻到这香气，病立刻好了。

寨子里的人闻到这香气，病都好了。

可是人们不见了金哥和银妹，都呼喊着去寻找他们，找遍了寨子，没人答应，只看到一蓬蓬青藤上的白花和黄花。

大家明白了：金哥和银妹就是救命的黄、白小花。就叫它"金银花"。

土家族是我国历史悠久的少数民族，他们能歌善舞。土家族同胞的传统舞蹈"摆手舞"被列入"非物质文化遗产"。